比江嶋 哲 著

＼わかる！簡単！楽しい！／

小学校国語授業の とっておき 学習アイテム 40

明治図書

はじめに

　子どもが興味をもって文章を読み返し始める。
　関連する図書をどんどん読み始める。
　単元テストの「読むこと」の学級平均点がぐんと上がる。

　こんな国語の授業を実現したくて，私は，7年かけて学校の仲間たちと「学習アイテム（授業の中で子どもたち一人ひとりが活用できる教具）」づくりを試みてきました。この試みには，トータルで延べ100人の先生と，約1000人の子どもたちがかかわっています。
　2年目，子どもたちから，「楽しい」という声が聞こえてきました。
　3年目，仲間の先生から，「『読むこと』のテストが，学級全員満点でした」という声が聞こえてきました。
　6年目，「特別なニーズをもつ子どもも夢中になってやっています」という声も聞こえてきました。

　本書では，私が考えたものや，仲間と学校で実践しておもしろかったものをアレンジして，40の学習アイテムと，それらを活用した授業実践例をまとめました。コピーして使えるページも設けてあります。
　本書で紹介している学習アイテムを活用した授業で，「国語っておもしろい！」と思ってくれる子どもが一人でも増えたら幸せです。
　出版に際しまして，たくさんのアイデアを出してくださったこれまでの勤務校の先生方と，明治図書の矢口郁雄氏に心よりお礼を申し上げます。

　2019年6月

比江嶋　哲

CONTENTS

はじめに

Chapter 1
学習アイテムの活用で,国語授業をもっと楽しく！

1　わかる！　簡単！　楽しい！ ……………………………………………………………006
2　学習アイテムの活用の仕方 ………………………………………………………………007
3　学習アイテムのタイプと特長 ……………………………………………………………008

Chapter 2
わかる！簡単！楽しい！
小学校国語授業のとっておき学習アイテム40

読むこと（物語）

「なりきりおめん」で登場人物になって劇をしよう！ ……………………………………010
【1年「おおきなかぶ」「かいがら」】

「くじらぐも」にのって自分の気持ちを伝えよう！ ………………………………………014
【1年「くじらぐも」】

「おきにいりサラダ」でサラダのよさを伝えよう！ ………………………………………018
【1年「サラダでげんき」】

「おはなしこばこ」で大好きな本を紹介しよう！ …………………………………………022
【1年「おとうとねずみチロ」】

「へんしんカード」でお話の人物の様子を伝えよう！ ……………………………………026
【2年「お手紙」】

「スイミーほめほめマップ」で感想を交流しよう！ ………………………………………030
【2年「スイミー」】

「お話クイズ」でお話の内容を確かめ合おう！ ……………………………………………034
【2年「ミリーのすてきなぼうし」】

「にがおえペープサート」で登場人物の気持ちを伝えよう！ ……………………………038
【2年「名前を見てちょうだい」】

「みえーるめがね」で昔話のおもしろさを伝えよう！ ……………………………………042
【2年「かさこじぞう」】

「なりきり日記」「とびだすじんざブック」で中心人物の気持ちを表そう！ …………046
【3年「サーカスのライオン」】

「本のショーウィンドウ」でいろいろな国や地域の物語を紹介しよう! ……050
【3年「はりねずみと金貨」】
「ハートカード」で心に残ったことを登場人物へ伝えよう! ……054
【3年「モチモチの木」】
「ビフォーアフターボックス」で中心人物の気持ちの変化をまとめよう! ……058
【4年「走れ」】
「ごん絵巻物」でごんと兵十の気持ちの変化をまとめよう! ……062
【4年「ごんぎつね」】
「つながリーフレット」でつながりのある物語のよさを紹介しよう! ……066
【4年「世界一美しいぼくの村」】
「チェンジカード」で山場の変化を伝えよう! ……070
【5年「世界でいちばんやかましい音」】
「くふう発見リーフレット」で表現の工夫を伝えよう! ……074
【5年「注文の多い料理店」】
「とびだせ!いじんくん」で心に残った偉人を紹介しよう! ……078
【5年「手塚治虫」】
「三角フラッグガーランド」で受け取った作品の心を伝えよう! ……082
【5年「大造じいさんとがん」】

読むこと(説明文)

「のりものすごいぞカード」でいろんな乗り物を紹介しよう! ……088
【1年「じどう車くらべ」「いろいろなふね」】
「一日じゅういさん」になっていろんな動物を紹介しよう! ……092
【2年「どうぶつ園のじゅうい」】
「どうぶつすごいぞクイズ」で動物のすごいところを紹介しよう! ……096
【2年「ビーバーの大工事」】
「かくし絵カード」で問いと答えの関係を知ろう! ……100
【3年「自然のかくし絵」】
「セールスカード」で世界の家を宣伝しよう! ……104
【3年「人をつつむ形―世界の家めぐり」】
「ひらいて"わっ"と"YO"カード」で和と洋の違いを紹介しよう! ……108
【4年「くらしの中の和と洋」】
「ゆめのロボットシート」でわたしのゆめのロボットを紹介しよう! ……112
【4年「『ゆめのロボット』を作る」】
「動物すごいぞカード」で要旨を紹介しよう! ……116
【5年「動物の体と気候」】

「おしゃべりモアイ像くん」で筆者の考えに対する自分の考えを示そう！ ……………… 120
【6年「イースター島にはなぜ森林がないのか」】

話すこと・聞くこと

「3ヒントクイズ」で友だちのすきなものをあてよう！ ……………………………… 126
【1年「『すきなものクイズ』をしよう」】
「トントン人形」や「パクパク人形」のつくり方を伝えよう！ ………………………… 130
【2年「『おもちゃ教室』をひらこう」】
「主語・述語神経衰弱」をしよう！ ……………………………………………………… 134
【2年「主語とじゅつ語に気をつけよう」】
「慣用句すごろく」で体に関係する慣用句を覚えよう！ ………………………………… 138
【3年「慣用句を使おう」】
カリスマ案内係になって「お客さんカード」の要望に応えよう！ ………………………… 142
【4年「案内係になろう」】
「すいせんカード」で推薦しよう！ ……………………………………………………… 146
【5年「六年生におくる字をすいせんしよう」】
「判定メーター」でどちらの主張がよいか判定しよう！ ………………………………… 150
【5年「立場を決めて討論をしよう」】

書くこと

「お出かけバッグ」で言葉を集めよう！ …………………………………………………… 156
【1年「ことばあそびうたをつくろう」】
「広がる手紙」で「ありがとう」を伝えよう！ …………………………………………… 160
【2年「『ありがとう』をつたえよう」】
「ドッキリサイコロ」で物語の展開を考えよう！ ………………………………………… 164
【4年「ある人物になったつもりで」】
「作文おみくじ」で工夫して書こう！ …………………………………………………… 168
【5年「作文」】
「読書紹介シート」でいろんな本を友だちに伝えよう！ ………………………………… 172
【5年「本は友達」】

Column
発達段階や子どもの実態を見極めて ……………………………………………… 086
子どもの学力差に対応する手立てとして ………………………………………… 124
お互いの話を興味をもって聞くための作戦「5○スピーチ」 ……………………… 154

Chapter 1
学習アイテムの活用で，国語授業をもっと楽しく！

1 わかる！ 簡単！ 楽しい！

　気合いを入れて手の込んだ言語活動に挑戦したのに，次のような壁にぶち当たった…というご経験はないでしょうか。

1　つけたい力が身につかない
2　準備に手間と時間がかかる
3　教師が思っていたほど子どもが熱中しない

　準備に手間と時間をかけて，つけたい力が身につかない，あるいは子どもが熱中しない授業をつくってしまったら，本末転倒です。

　そこで，本書で紹介する「学習アイテム」では，上の１～３の問題に対応して，「わかる」「簡単」「楽しい」の３つの視点を大事にしました。
　「わかる」とは，学習アイテムを活用することで，学習内容が子どもにとってわかりやすくなり，結果としてつけたい力が身につくということです。
　「簡単」とは，準備に大きな手間や時間がかからないということです。
　「楽しい」とは，学習アイテムを活用することで，子どもの「やってみたい」という意欲が芽生えるということです。

2 学習アイテムの活用の仕方

　本書の第2章では，様々な学習アイテムとそれらを活用した40の授業例を紹介していますが，それぞれ以下のように構成されています。

　　1ページ…3つの視点に基づくアイテムのイメージと授業の概要
　　2ページ…コピーして使えるアイテム
　　3ページ…アイテムを活用した授業例
　　4ページ…活動の様子をとらえた写真や，プラスαのアイテム

　まずは1ページ目で，アイテムとそれらを活用した授業のイメージや概要をつかんでください。「わかる！」「簡単！」「楽しい！」の3つの視点でまとめた学習アイテムのイメージにピンときたら，きっと授業は成功するはずです。
　2ページ目には，後述の通り，コピーして使うことができるアイテムを掲載しています。
　3ページ目のアイテムを活用した授業例では，まず，つけたい力と（子どもの）ゴールの姿を明示しています。ここでいま一度，アイテムを活用する目的や授業のねらいをしっかりと押さえていただきたいと思います。授業展開例は，ここで紹介しているやり方が唯一のものではないので，学級の実態や先生のお考えに応じて，どんどんアレンジしてください。
　4ページ目には，学習アイテムを活用して実際に授業に取り組む子どもの姿や子どもがつくった作品を多数紹介しています。また，2ページ目に収まりきらなかったプラスαのアイテムを掲載しているページもあります。

　上に述べた通り，「こうでなければならない」という活用の仕方はないので，読者の先生方のアイデアでどんどん新しい方法を生み出してください。

3　学習アイテムのタイプと特長

　本書では，アイテムの型紙やワークシートを多数掲載しています。拡大に適した用紙サイズなども書いてありますので，ぜひコピーして活用してみてください。

　本書で紹介しているアイテムは，大きく2種類に分けられます。

　1つは，切り貼りして活用することができる，以下の例のようなお面やカードの型紙です。シンプルなつくりなので，低学年の子どもでも自分の力で簡単につくることができるのが特長です。

・なりきりおめん（「おおきなかぶ」「かいがら」）
・きもちカード（「くじらぐも」）
・へんしんカード（「お手紙」）
・にがおえペープサート（「名前を見てちょうだい」）
・ドッキリサイコロ（「ある人物になったつもりで」）　など

　もう1つは，書いたものがそのまま学習成果物になるワークシートや，作品づくりにスムーズに取り組む手助けとなる準備シートです。学習成果物が残るような言語活動に取り組むと，子どもの学力差への対応というのが大きな課題になります。そういった問題を解消する手助けとなるのがこれらのアイテムです。

・ごん絵巻物（「ごんぎつね」）
・じゅういさん日記（「どうぶつ園のじゅうい」）
・ゆめのロボットシート（「『ゆめのロボット』を作る」）
・動物すごいぞカードの準備シート（「動物の体と気候」）　など

Chapter 2
わかる！簡単！楽しい！
小学校国語授業の とっておき学習アイテム 40

Chapter 2
わかる！簡単！楽しい！
小学校国語授業のとっておき学習アイテム40

| 1年 | 読むこと（物語） | 「おおきなかぶ」「かいがら」 |

「なりきりおめん」で登場人物になって劇をしよう！

わかる！	「お話の人物のしたことや様子」を学習できます。
簡　単！	教科書の絵やイラストをお面に貼りつけるだけです。
楽しい！	物語の登場人物になって劇ができます。

　お話の好きなところを音読劇で友だちに教える活動で使えるアイテム（お面）です。

　お面を使い，動きや会話文の読み方を工夫することで，音読劇に興味をもたせることができます。

　教科書の絵をコピーしたものや型紙の絵を貼り，登場人物，登場する順番，それぞれの行動などを楽しく読ませていきましょう。

コピーして使える学習アイテムのページ

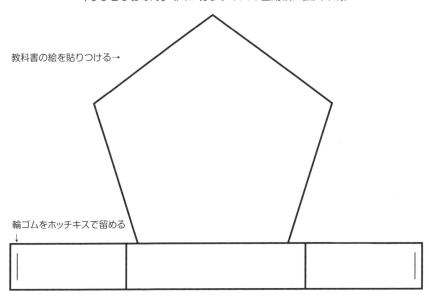

「なりきりおめん」（八つ切りサイズの画用紙に拡大印刷）

教科書の絵を貼りつける→

輪ゴムをホッチキスで留める
↓

登場人物のイラスト（Ｂ４用紙に拡大印刷してお面に貼りつけ）

アイテムを活用した授業例

つけたい力と具体的なゴールの姿

●お話の人物のしたことや様子を読み取る力

　登場人物について,だれがどんなことをしたり,言ったりしたか考えながら読むことができる。

授業展開例

(1)**役を決めて読む**

　教科書の挿絵や型紙を利用して,「なりきりおめん」をつくります。お面の型紙を画用紙に拡大して印刷し,それに教科書の挿絵や顔の型紙をコピーしたものを貼りつけます。

　地の文は全員で読んで,会話文は役を決めて読んでいきましょう。「おおきなかぶ」では,特に「うんとこしょ。どっこいしょ」「なかなか」「まだまだ」などをどう読むか,話しながら工夫して読むとよいでしょう。

(2)**動きながら声に出して読む**

　次は,場面を選んで,動きを入れて読んでいきます。「かいがら」であれば,貝がらを耳に当てる動作やにっこりする顔,「おおきなかぶ」であれば,おじいさんの後におばあさんがついて,引っ張る動きです。地の文は役割を決めるか,全員で読むか決めて読みましょう。

　最後に,発表をします。発表の前に,好きなところや工夫したところを伝えてから発表しましょう。

　発表の後は,お互いのよいところを伝え合いましょう。

教科書の絵を貼ってもよいでしょう

最後に好きな場面の発表会をしましょう

Chapter 2
わかる！簡単！楽しい！
小学校国語授業のとっておき学習アイテム40

| 1年 | 読むこと（物語） | 「くじらぐも」 |

「くじらぐも」にのって自分の気持ちを伝えよう！

わかる！	「自分の気持ちを伝える」ことが学習できます。
簡　単！	気持ちを書いて貼るだけです。
楽しい！	たくさん貼って交流できます。

　この物語文では，「○○と思ったよ」という自分の気持ちを伝えることを目標にします。つまり，かぎ（「　」）を使って，自分の気持ちを書いていく学習で，会話文の書き方や感想の伝え方を身につけることができます。互いに感想を読んで考えの広がりをもたせます。

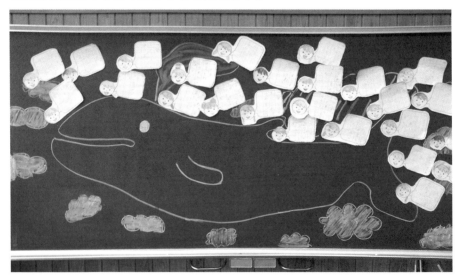

コピーして使える学習アイテムのページ

「くじらぐも」(A4用紙に拡大して印刷)

「きもちカード」(A4用紙に拡大して印刷)

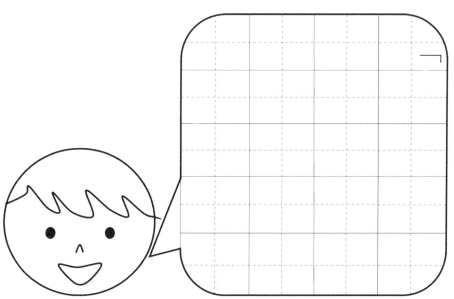

アイテムを活用した授業例

つけたい力と具体的なゴールの姿

●**自分の気持ちをかぎや句読点に気をつけて書く力**

かぎ（「 」），句点（。），読点（，）に気をつけて，自分の気持ちを書くことができる。

授業展開例

(1) 役割を決めて会話文の言い方を練習する

まず，教材文のかぎ（「 」）の場所を，くじらぐも役の人と先生役，子どもたち役，地の文役に分かれ，練習します。

みんなで練習した後は，グループで役割を決めて練習しましょう。

次に，好きな場面を決めて，練習をします。そのときに，くじらぐもの絵のアイテム（ワークシート）に，みんなで棒人間のイラストをかいて，イメージをふくらませて読むとよいでしょう。練習が終わったら全体で発表しましょう。

(2) 「きもちカード」を黒板に貼って交流する

自分がくじらぐもにのった気持ちを想像して，「きもちカード」に書いていきます。そのときに，かぎ（「 」）の書き方も学習します。

教師がチョークでくじらぐもの絵を黒板いっぱいにかいたものに，「きもちカード」を貼って，気持ちを発表します。

最後に，もう一度教材文を読んで，「天までとどけ，一，二，三」などを元気よく全員で言うと盛り上がるでしょう。

感想をかぎ（「 」）を使って書いていきます

顔も工夫してかいて黒板に貼ると，にぎやかになります

Chapter 2
わかる！簡単！楽しい！
小学校国語授業のとっておき学習アイテム40

| 1年 | 読むこと（物語） | 「サラダでげんき」 |

「おきにいりサラダ」でサラダのよさを伝えよう！

わかる！	「だれが何をしたか」を学習できます。
簡単！	材料を皿にかいたり，選んだりして伝えます。
楽しい！	大きなサラダを友だちとつくれます。

　「だれが何をしたか」を考えて教材文を読んだ後，自分のサラダに何を入れるかを考えて，自分の「おきにいりサラダ」をつくります。

　いきなりは難しいので，練習用として6つのアイテム（型紙）をつくりました。この型紙で，食べるとどうなるかを考えてから，自分の好きなサラダをかいて交流しましょう。

コピーして使える学習アイテムのページ

野菜の型紙（B4用紙か八つ切り画用紙に拡大印刷）

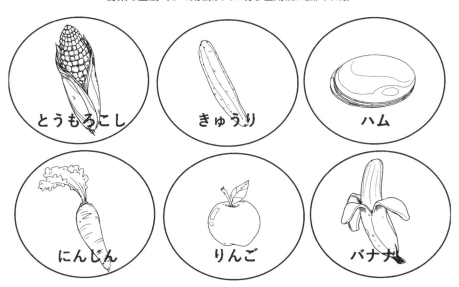

サラダボウル（画用紙に拡大印刷）

アイテムを活用した授業例

つけたい力と具体的なゴールの姿

● **だれが何をしたかを読み取る力**

だれがどんなことをしたか読み取り，それを基にして，「○○を入れると○○のようになる」と話すことができる。

授業展開例

(1) **だれがどんなことをしたか確かめる**

まず教材文を読み，どんな動物がどんな順で出てきたか，整理します。

次に，動物たちはりっちゃんにどんなことを教えてくれたか，右の表のように整理していきます。

どうぶつ	ねこ	犬	すずめ	あり	うま	白くま	アフリカぞう
サラダに入れるもの	かつおぶし	ハム	とうもろこし	おさとう	にんじん	こんぶ	あぶらとしおとす
たべるとどうなるか	すぐにげんきになる	ほっぺたがもいろにひかりだす	うたがじょうずになる	はたらきものになる	かけっこがーとうしょうになる	かぜをひかなくなる	

(2) **自分でサラダを考えて紹介する**

まず，練習として，型紙の6つの食材の中から1つ選んで，選んだ理由をワークシート（次ページ）に書いていきます。ハムととうもろこしとにんじんは教材文にあったので，きゅうりとリンゴとバナナは，何が好きで，食べるとどうなるのかみんなで話し合いましょう。その後，サラダボウルの型紙の上に材料をのせながら，みんなで交流をします。「きゅうりを食べると，かっぱのように泳ぎがうまくなるからです」のように紹介します。

最後に自分の好きなサラダをお皿（次ページ）に自由にかいて交流しましょう。

わたしは（　　　　）サラダにしました。それは、（　　　）をたべると、（　　　）のように（　　　）になるからです。

理由を書くワークシート

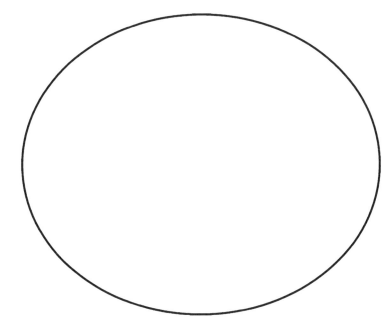

自分の好きなサラダをかくお皿

Chapter 2

1年 読むこと（物語）　　「おとうとねずみチロ」

「おはなしこばこ」で大好きな本を紹介しよう！

わかる！	「登場人物」について学習できます。
簡　単！	登場人物とその特徴を書くだけです。
楽しい！	登場人物を箱から出しながら紹介し合います。

　物語文には，「登場人物」がいます。それは，人間だけではなく，動物だったり，ものだったりする場合もあります。「おはなしこばこ」は，登場人物の特徴などを書いて紹介することで，登場人物について学習することができます。

コピーして使える学習アイテムのページ

「じんぶつカード」(八つ切り画用紙に拡大印刷。真ん中で折る)

| え | え | え | え |

なまえ　なまえ　なまえ　なまえ

しょうかい　しょうかい　しょうかい　しょうかい

「おはなしこばこ」のタイトル紙(箱の大きさに合わせて印刷)

本のなまえ

かいた人

え

なまえ

Chapter 2　小学校国語授業のとっておき学習アイテム40／023

アイテムを活用した授業例

つけたい力と具体的なゴールの姿

●登場人物について理解する力

　物語の中に出てくる人や，人と同じように話したり動いたりする動物などを登場人物ということを理解し，登場人物の特徴を話すことができる。

授業展開例

(1)**登場人物とその特徴を書く**

　まず，教材文「おとうとねずみチロ」にだれが出てきたかを押さえていきます。「チロ」のしたことをやってみるなどして，どんなことをしているところが好きか話し合います。

　お話に出てくる人や動物などを「登場人物」ということを学習  したら，自分が読んだお話について，そこに出てくる登場人物の名前，紹介（特徴），絵を「じんぶつカード」にかいていきます。

(2)**「おはなしこばこ」をつくり，友だちと交流する**

　カードができたら，「おはなしこばこ」をつくります。小さな空き箱に書名や作者を書いたタイトル紙を貼ります。

　その中に「じんぶつカード」を入れて，1つずつ出しながら友だちに紹介します。人物の好きなところや心に残ったところを交流してもよいでしょう。

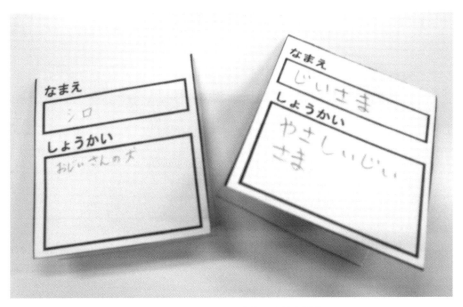

「じんぶつカード」の人物の名前と紹介

カードには絵もかきます

Chapter 2
わかる！簡単！楽しい！
小学校国語授業のとっておき学習アイテム40

| 2年 | 読むこと（物語） | 「お手紙」 |

「へんしんカード」で
お話の人物の様子を伝えよう！

わかる！	「場面ごとの人物の様子」を学習できます。
簡　単！	表情と気持ちをかくだけです。
楽しい！	気持ちの変化を交流できます。

　この物語文では，場面ごとの人物の様子を学習します。そこで，場面ごとの登場人物の気持ちを表情と共に「へんしん（変心）カード」に表して，気持ちの変化を読み取っていきます。カードの下には自分の表情とコメントもかいて，登場人物に話しかけるようにしていくと楽しいでしょう。

コピーして使える学習アイテムのページ

「へんしんカード(がまくんカード)」(B4用紙に拡大印刷)

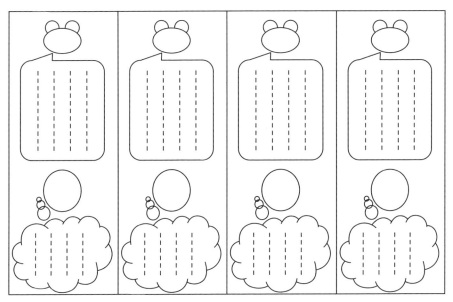

「へんしんカード(かえるくんカード)」(B4用紙に拡大印刷)

アイテムを活用した授業例

つけたい力と具体的なゴールの姿

●**場面ごとの人物の様子を読み取る力**

場面ごとに気持ちの変化がわかる表現に着目し，想像を広げて読むことができる。

授業展開例

(1)登場人物の気持ちと表情を考えて書く

まず，会話文を「がまくん」と「かえるくん」に整理していきます。

整理できたら，「がまくんカード」に，がまくんの場面ごとの気持ちと表情をかいていきます。下には自分のコメントと表情もかきます（がまくんは，2場面にはいないので，4つの場面の気持ちをかいていきます）。

次に，場面ごとに「かえるくんカード」に，かえるくんの気持ちと表情をかいていきます（かえるくんは，5場面すべて出てきているので，それぞれの場面での気持ちをかいていきます）。

(2)はじめとおわりの気持ちの変化を捉える

「がまくんカード」を折り曲げて，はじめとおわりの表情を比べてみます。すると，はじめとおわりの気持ちの変化がよくわかります。なぜ，がまくんはこんなに気持ちが変わったのか，意見を交流していきましょう。

次に，「かえるくんカード」も折り曲げてみます。はじめとおわりを比べてみると，かえるくんもはじめ落ち込んでいて，おわりでは喜んでいます。なぜかえるくんも落ち込んでいたのか話し合った後，「がまくんカード」と並べてみましょう。すると，かえるくんとがまくんの気持ちを比べながら，考えることができます。

でき上がったら，カードを折ってはじめとおわりを見比べてみます

かいたものを見せ合いながら，意見交流します

Chapter 2
わかる！簡単！楽しい！
小学校国語授業のとっておき学習アイテム40

| 2年 | 読むこと（物語） | 「スイミー」 |

「スイミーほめほめマップ」で感想を交流しよう！

わかる！	「感想を書く」学習ができます。
簡　単！	吹き出しに感想を書くだけです。
楽しい！	大きな画用紙に貼って交流できます。

　この教材文では，中心人物について，会話や様子からどんな人物か読み取ることが目標です。そこで，スイミーのいいところをたくさん見つけて「スイミーほめほめマップ」をつくってみましょう。書けないところは友だちと交流することで増やしていきます。

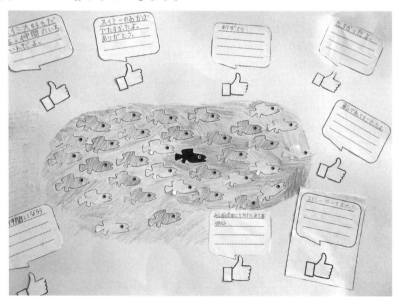

コピーして使える学習アイテムのページ

「いいところ見つけカード」（A4用紙に拡大印刷）

「いいねカード」（B4用紙に拡大印刷）

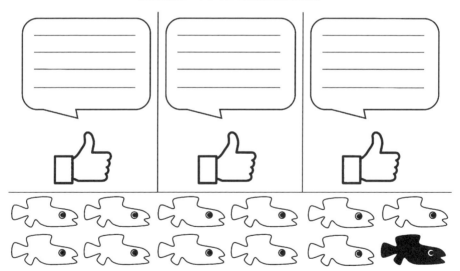

アイテムを活用した授業例

つけたい力と具体的なゴールの姿

●感想を書く力

スイミーのしたことや言ったことに気をつけて読み,感想を書くことができる。

教材アイテムの使い方

(1)**スイミーのいいところを書く**

物語を読んで,スイミーはどんな魚だったか振り返ります。

右のような「いいところ見つけカード」に書くと,楽しく交流できます。

「頭がいい」「勇気がある」など,気づいたことを友だちと交流してスイミーの人物像を共有していきます。

(2)**スイミーへの「いいねカード」を書き,画用紙に貼る**

スイミーに助けてもらった魚の気持ちになって,「いいねカード」にみんなでスイミーのいいところを書いていきます。

その際,ただ「ありがとう」と書くだけでなく,前時に学習したスイミーの人物像に触れて書いていくと,多様な言葉が出てきます。

たくさん「いいねカード」が書けたら,四つ切り画用紙の中央にスイミーと赤い魚を貼り,そのまわりに「いいねカード」を貼って「スイミーほめほめマップ」をつくります。

その際,書いた言葉を言いながら貼ると,互いの感想を交流することもできます。画用紙いっぱいに貼って,楽しく交流しましょう。

「いいねカード」にスイミーにかけてあげたい言葉を書きます

「いいねカード」を画用紙いっぱいに貼ります

Chapter 2
わかる！簡単！楽しい！
小学校国語授業のとっておき学習アイテム40

| 2年 | 読むこと（物語） | 「ミリーのすてきなぼうし」 |

「お話クイズ」で
お話の内容を確かめ合おう！

わかる！	「人物が何をしたのかに気をつけて読む」ことが学習できます。
簡　単！	話の内容を簡単なクイズにします。
楽しい！	友だちとクイズで交流できます。

　この教材では，「ぼうし」がいろいろな形に変化していきます。中心人物のミリーや周囲の人が頭の中で考えたことが表現されています。
　帽子の形をしたワークシートにお話の内容にかかわるクイズを書いて，みんなで交流しましょう。

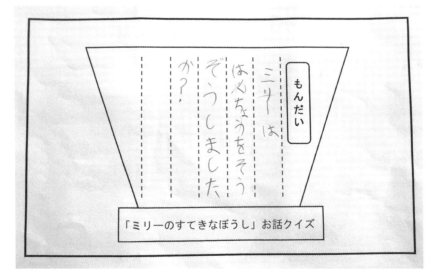

コピーして使える学習アイテムのページ

クイズセット（八つ切り画用紙に拡大印刷）

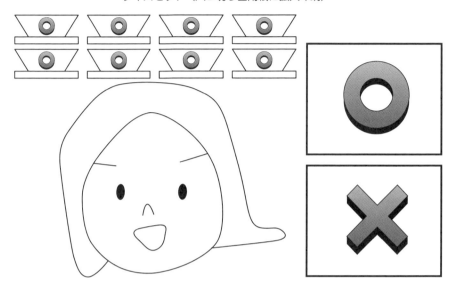

問題用紙（A4かB4に拡大印刷）

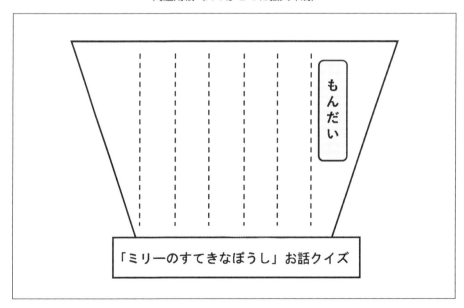

アイテムを活用した授業例

つけたい力と具体的なゴールの姿

● **人物が何をしたのかを読み取る力**

それぞれの場面で，人物が何をしたのか，どんな出来事があったのかに気をつけて読むことができる。

授業展開例

(1) **教材文を読み，場面の様子を読み取る**

このお話は，ミリーがいろいろな想像をして帽子の形が変わっていくところが魅力になっています。場面ごとにミリーの行動や様子，そして周囲の人たちの行動や様子を話し合いながら読み取っていきます。

(2) **お話クイズをつくり，友だちと交流する**

場面ごとに読み取ったら，お話の内容を基に，○×で答えられるクイズを考えます。帽子の形をした問題用紙に書いて，グループでミリーのお話クイズ大会をしましょう。○と×のカードは割り箸に貼ります。正解したら，ミリーの似顔絵に帽子を重ねていくと盛り上がります。

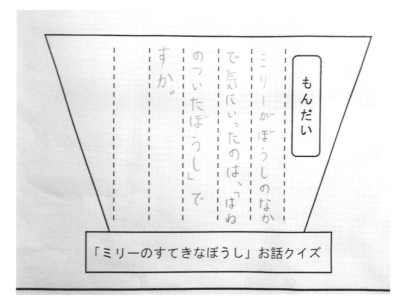
帽子の形をした用紙に問題を書きます

グループで問題を出し合いながら交流します

Chapter 2
わかる！簡単！楽しい！
小学校国語授業のとっておき学習アイテム40

| 2年 | 読むこと（物語） | 「名前を見てちょうだい」 |

「にがおえペープサート」で登場人物の気持ちを伝えよう！

わかる！	「場面の様子」について学習できます。
簡　単！	顔マークをペープサートに貼るだけです。
楽しい！	ペープサートを使って音読の交流をします。

　登場人物の気持ちや様子を音読するだけでは，その子の考えがわかりにくいので，顔マークをかいたり，貼ったりできるペープサートを使ってみました。顔マークの理由を聞いていくと，読みの力も高まるでしょう。

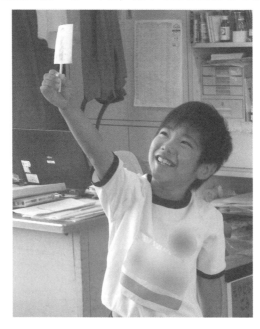

コピーして使える学習アイテムのページ

「にがおえペープサート」と顔マーク（八つ切り画用紙に拡大印刷）

Chapter 2　小学校国語授業のとっておき学習アイテム40／039

アイテムを活用した授業例

つけたい力と具体的なゴールの姿

●場面の様子を読み取る力

　物語を場面に分け,「えっちゃん」の行動や会話から,人物の気持ちを想像しながら読むことができる。

授業展開例

(1)「顔マーク」を使って気持ちを考える

　はじめに,えっちゃんが会った人物の様子と,えっちゃんの様子がわかる言葉を書き出します。

　そして,そのときのえっちゃんの気持ちを顔マークで考え,その根拠になる文とあわせて友だちと交流します。

　「ぼうしをもらったとき,えっちゃんは,うれしい顔だったと思います」

　「どうして,そう思うのですか？」

　「『ぎゅうっとかぶりました』と書いてあるから,
　　とてもうれしくて,ぎゅうっとかぶったんだと
　　思います」

(2)人物の様子を声や動きで表す

　「にがおえペープサート」に,両面テープで顔マークを貼り替えながら教材文を読んで交流します。

　読む前に,気持ちとその理由を言ってから読み合うと,互いの読みの交流になって,読みの広がりが生まれるでしょう。

友だちとペープサートを使って交流します

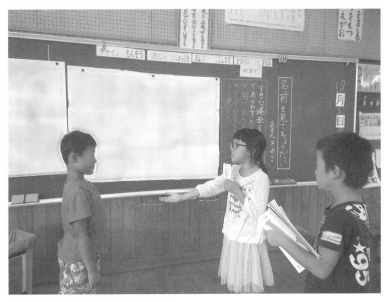

全体で発表して，気持ちをみんなで考えてもよいでしょう

Chapter 2
わかる！簡単！楽しい！
小学校国語授業のとっておき学習アイテム40

| 2年 | 読むこと（物語） | 「かさこじぞう」 |

「みえーるめがね」で昔話のおもしろさを伝えよう！

わかる！	「昔話の特徴」を学習できます。
簡　単！	視点に基づいて書くだけです。
楽しい！	「○○がみえーる」と言って交流します。

　自分が読んだ昔話について，「紹介したい絵（場面）」（下写真右）と「（昔話の特徴の視点に基づく）おもしろさ」（下写真左）に分かれた眼鏡型カードを使って紹介します。

　視点に基づいて作品を読み直すことで，昔話の特徴をより深く理解することができます。

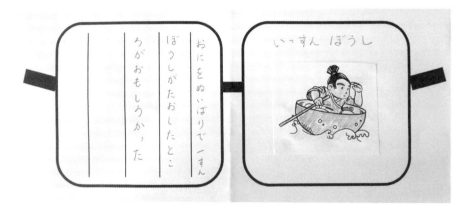

コピーして使える学習アイテムのページ

「みえーるめがね」(Ｂ４用紙か八つ切り画用紙に拡大印刷)

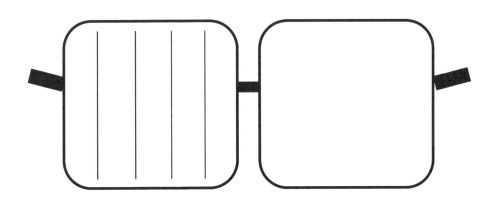

昔話の絵(Ｂ４用紙に拡大印刷)

アイテムを活用した授業例

つけたい力と具体的なゴールの姿

● 昔話の特徴（おもしろさ）を理解する力

　「言葉の言い回し」「登場人物」「起承転結」の３つの視点に基づいて昔話の特徴（おもしろさ）を理解し，説明することができる。

授業展開例

(1)「かさこじぞう」の自分の好きな場面をまとめる

　昔話の特徴（おもしろさ）を視点に基づいて理解し，紹介し合う学習です。「みえーるめがね」は，右のレンズに紹介したい昔話の絵があり，左のレンズに（昔話の特徴の視点に基づく）おもしろさを書くアイテムです。

　はじめに「かさこじぞう」で練習していきます（絵に時間がかかる場合は挿絵をコピーして貼ります）。

(2)他の昔話をまとめ，友だちと交流する

　次に，他の昔話を読んで，「みえーるめがね」の右のレンズに絵をかきます（ここでも，絵をかくことに時間がかかることが予想される場合，前ページの絵などをそのまま右のレンズに貼ります）。

　続いて，３つのうち自分が取り上げたい視点で特徴（おもしろさ）を書いて，「一寸法師の『登場人物』の特徴がみえーる」などと言いながら，友だちと紹介し合います。

　他の視点に基づいて紹介したいときは，２枚目に書いていきます。

　このようにして，昔話の特徴を意識しながら読むことができるようになり，読む力の向上が期待できます。

自分で絵をかくとより楽しくできます

いろいろな昔話を読んで交流しましょう

Chapter 2
わかる！簡単！楽しい！
小学校国語授業のとっておき学習アイテム40

3年　読むこと（物語）　「サーカスのライオン」

「なりきり日記」「とびだすじんざブック」で中心人物の気持ちを表そう！

わかる！	「中心となる人物の気持ち」を学習できます。
簡単！	ワークシートに絵を貼りつけるだけです。
楽しい！	ライオンを飛び出させて交流できます。

　中心人物の気持ちがどのように変わっていったのか，場面ごとに表情と言葉で表していく「なりきり日記」をかいていきます。

　また，最後の場面のじんざの気持ちを書いたワークシート（画用紙に貼る）に，下の写真のように絵をかいて貼って「とびだすじんざブック」をつくり，でき上がったら友だちと交流をします。

　「とびだすじんざブック」のじんざは，八つ切り画用紙にかいて切り取り，中心部分で山折りしてワークシートに貼ります。

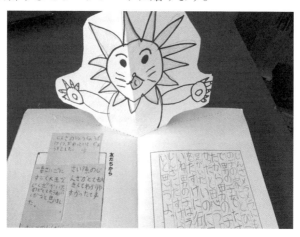

コピーして使える学習アイテムのページ

「なりきり日記」(B4用紙に拡大印刷)

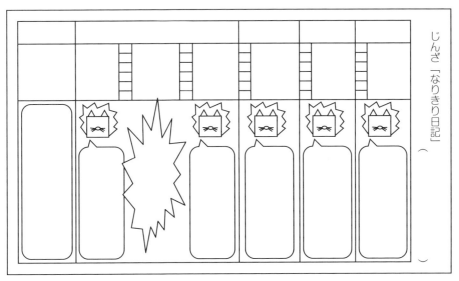

「とびだすじんざブック」のワークシート(八つ切り画用紙に拡大印刷)

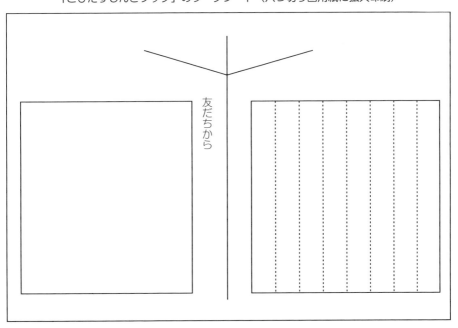

アイテムを活用した授業例

つけたい力と具体的なゴールの姿

●中心となる人物の気持ちを読み取る力

　中心となる人物（じんざ）の行動や会話を基に，表情や気持ちを表現することができる。

授業展開例

(1)「なりきり日記」をかく

　中心人物のじんざになったつもりで「なりきり日記」をかきます。場面ごとにじんざの表情と気持ちを日記風にかきます。また，その場面の気持ちがどれくらいなのか，5段階の

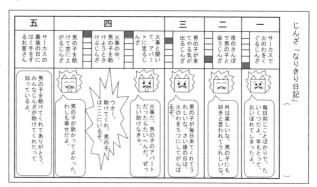

マスに塗ります。最後の場面は，自分からじんざへ言葉を送るつもりで書きます。

(2)「とびだすじんざブック」をつくる

　最後の場面のじんざの気持ちをワークシートに書きます。また，そのときのじんざの顔を画用紙にかいて切り取り（下の部分は斜めに切る），山折りして貼りつけます。こうすることで，開いたとき，じんざが飛び出します。でき上がったら，友だちと交流をします。ワークシートの左半分には，付箋に書いてもらった友だちの感想を貼りつけます。

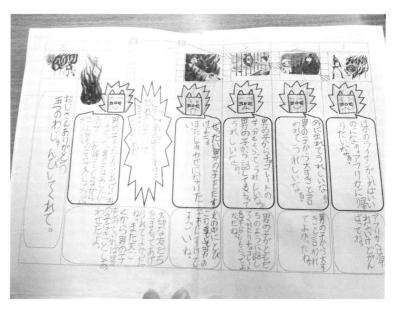

「なりきり日記」の作品例

「とびだすじんざブック」による交流の様子

Chapter 2
わかる！簡単！楽しい！
小学校国語授業のとっておき学習アイテム40

| 3年 | 読むこと（物語） | 「はりねずみと金貨」 |

「本のショーウィンドウ」でいろいろな国や地域の物語を紹介しよう！

わかる！	「あらすじ」について学習できます。
簡単！	型紙に書いて，貼り合わせるだけです。
楽しい！	展示できるので，多くの物語を紹介できます。

　外国の物語を読んで，あらすじや心に残った場面を書いた「本のショーウィンドウ」をつくり，交流します。

　あらすじを学習する単元なので，わかりやすく短くまとめたあらすじを書いて紹介していきます。2つの型紙を貼り合わせ，立体的に表現できます。

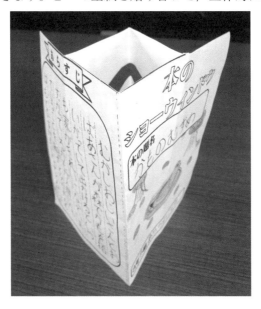

コピーして使える学習アイテムのページ

「本のショーウィンドウ」（八つ切り画用紙に拡大印刷し，貼り合わせる）

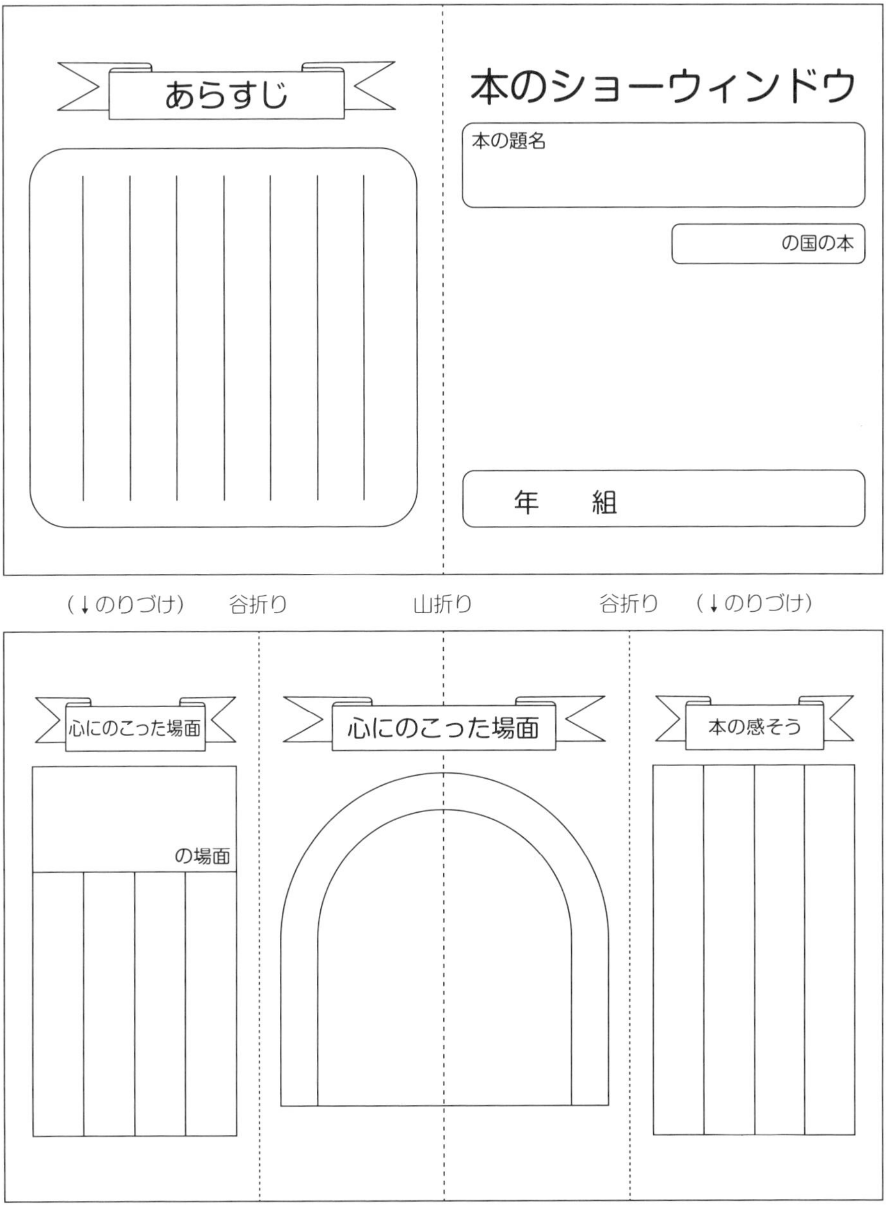

あらすじ

本のショーウィンドウ

本の題名

の国の本

年　　組

（↓のりづけ）　　谷折り　　　　山折り　　　　谷折り　　（↓のりづけ）

心にのこった場面

の場面

心にのこった場面

本の感そう

アイテムを活用した授業例

つけたい力と具体的なゴールの姿

●お話のあらすじをまとめる力

　いろいろな国や地域の物語を読んで，物語の内容を短くまとめて伝えることができる。

授業展開例

(1)**あらすじのまとめ方を教材文で練習する**

　まず，あらすじの書き方を教材文「はりねずみと金貨」を使って練習します。

　はじめとおわりの登場人物の変化を書き，場面ごとの出来事を書いて，短い文でまとめます。

あらすじの書き方
●はじめとおわりの登場人物の変化を書く ・はじめ○○だった○○が○○した。 ●場面ごとに出来事をまとめる。 ●場面ごとの大事な言葉をつないで短くまとめる

　この作品では「金貨を拾ったはりねずみのおじいさんが，冬ごもりのしたくをしようとするが，りすやからす，くもやくまから親切にされて必要なものがそろい，自分の拾った金貨もだれかの役に立てようとした話」のようにまとめます。

(2)**「本のショーウィンドウ」をつくり，友だちと交流する**

　自分が読んだ外国の本のあらすじ，心に残った場面，感想を，「本のショーウィンドウ」にまとめます。イメージがわきやすいように，表紙や心に残った場面の簡単な絵をかくと，より楽しい作品になります。

　実際に本を見せながら紹介し合い，お互いの本を読んでいくと，たくさんの外国の本と触れ合うきっかけになります。

本と一緒に紹介し合うと，たくさんの作品を知ることができます

絵をかくとより楽しい作品になります

Chapter 2
わかる！簡単！楽しい！
小学校国語授業のとっておき学習アイテム40

| 3年 | 読むこと（物語） | 「モチモチの木」 |

「ハートカード」で心に残ったことを登場人物へ伝えよう！

わかる！	「登場人物の人柄や気持ち」を学習できます。
簡　単！	カードにメッセージを書くだけです。
楽しい！	メッセージをつないでいくことで友だちの考えを知ることができます。

　この教材では「登場人物の人柄や気持ち」の読み取りに焦点を当てて学習を進めていきます。「ハートカード」に登場人物に向けたメッセージを書くことで，登場人物をどのように捉えたかお互いに交流することができます。つないでいくこともできるので楽しく交流できます。

コピーして使える学習アイテムのページ

「ハートカード」（Ｂ４用紙に拡大印刷）

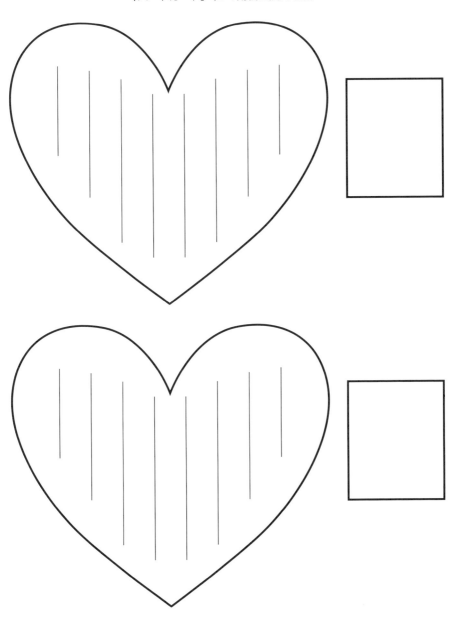

Chapter 2　小学校国語授業のとっておき学習アイテム40／055

アイテムを活用した授業例

つけたい力と具体的なゴールの姿

●登場人物の人柄や気持ちを読み取る力

　登場人物の行動や会話,性格を表す言葉などに気をつけて,登場人物がどうしてそのような行動をしたのか考えることができる。

授業展開例

(1) 登場人物の人柄や気持ちについて考える

　まず,登場人物の豆太について,会話や行動から,どんな人物なのかを考えていきます。1人でせっちんにいけないことやモチモチの木がこわいということなどから,どれくらい臆病なのか発表し合います。

　その後,山場の場面でそれでもじさまを助けようと,暗い山道を走った豆太は臆病だったのか話し合い,もう一度豆太はどんな人物なのかをまとめていきます。

(2) メッセージを書いて友だちと交流する

　最後に,「ハートカード」に豆太に向けてのメッセージを書きます。

　書けたら,「豆太の行動」「モチモチの木が光っていた意味」「本当の勇気とはどのようなものか」など,カードを内容で分けて,同じ内容のメンバーで交流したあと,全体で発表します。

　右ページの写真のように,同じ内容のカードをつないで掲示するのもおすすめです。

同じ内容のメンバーで交流したあと,全体で発表します

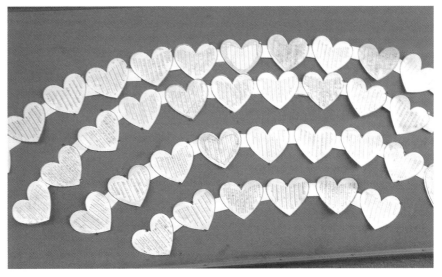

同じ内容のカードをつないだ様子

Chapter 2
わかる！簡単！楽しい！
小学校国語授業のとっておき学習アイテム40

| 4年 | 読むこと（物語） | 「走れ」 |

「ビフォーアフターボックス」で中心人物の気持ちの変化をまとめよう！

わかる！	「中心となる人物の気持ちの変化」を学習できます。
簡単！	簡単な日記を書いて，折り曲げて貼れば完成です。
楽しい！	友だちと交流できます。

　中心人物のはじめの気持ちとおわりの気持ちを「ビフォー日記」と「アフター日記」に書いて，人物の表情などとあわせてボックスにします。気持ちの変化がわかりやすく，つけたい力を意識させることができます。

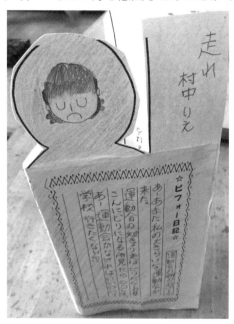

コピーして使える学習アイテムのページ

「ビフォーアフターボックス」(八つ切り画用紙に拡大印刷)

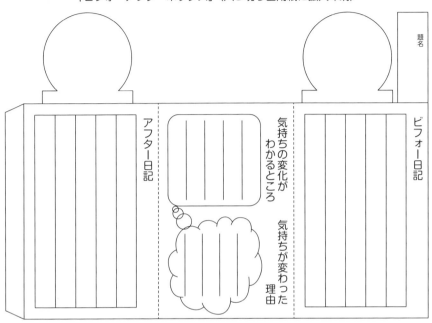

「のぶよ日記」(Ｂ４用紙に拡大印刷)

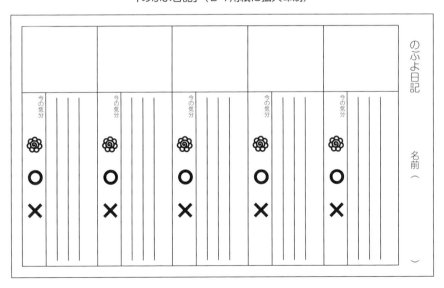

アイテムを活用した授業例

つけたい力と具体的なゴールの姿

●中心となる人物の変化を読み取る力

物語のどこで，中心となる人物の気持ちが大きく変化し，どのように変わったのか，どうして変化が起きたのか，自分の考えを書くことができる。

授業展開例

⑴「なりきり日記」をかき，ボックスにまとめていく

ボックスは三面になっていて，折り曲げて貼ると完成する簡単なものです。

１面目には，はじめの中心人物の表情とその気持ち（ビフォー日記）をかきます。

２面目には，おわりの中心人物の表情とその気持ち（アフター日記）をかきます。

⑵人物の変化を理由とあわせて紹介する

３面目には，「気持ちの変化がわかるところ」と「気持ちが変わった理由」を書きます。

これにより，自分や友だちが山場の場面をどう捉えていたか交流することができ，読みの広がりにもつながります。

「ビフォーアフターボックス」に取り組みやすくするポイントは，毎時間次ページ下のような「のぶよ日記」（なりきり日記）を書いておくということです。中心人物の気持ちを毎時間整理していくことで，その変化にも気づきやすくなります。

はじめとおわりの中心人物の気持ちをそれぞれ書きます

毎時間「のぶよ日記」を書いていくことがポイント

Chapter 2
わかる！簡単！楽しい！
小学校国語授業のとっておき学習アイテム40

| 4年 | 読むこと（物語） | 「ごんぎつね」 |

「ごん絵巻物」でごんと兵十の気持ちの変化をまとめよう！

わかる！	「中心人物と他の人物のかかわり」を学習できます。
簡　単！	ワークシートを台紙に貼るだけです。
楽しい！	友だちと巻物で交流できます。

　この教材でつけたい力は，「中心人物と他の人物のかかわり」です。中心人物が他の人物とかかわることによって，どのように気持ちの変化があったかを読み取っていきます。

　そこで，ワークシートに2人の心情曲線をかかせて，台紙にそれを貼ることで巻物にしました。場面を簡単にまとめた絵をかかせてもよいでしょう。

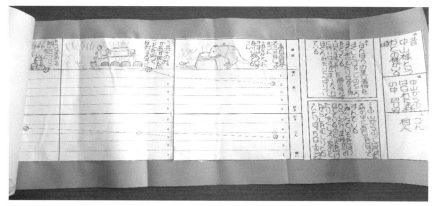

コピーして使える学習アイテムのページ

「ごん絵巻物」(Ｂ４用紙に拡大印刷してつなぎ,台紙に貼る)

	一 場面	兵十	時
1	きらい		場
2			
3	兵十		
4	好き	ごん	人
5			
5	好き		
4	ごん		
3			
2	きらい		
1			

四場面以降もコピーしてワークシートをつくります

三	二
	1
	2
	3
	4
	5
	5
	4
	3
	2
	1

Chapter 2　小学校国語授業のとっておき学習アイテム40／063

アイテムを活用した授業例

つけたい力と具体的なゴールの姿

●中心人物と他の人物のかかわりを読み取る力

　中心となる人物の気持ちの変化と，その変化が他の人物の行動や気持ちとどのようにかかわっているかをまとめることができる。

授業展開例

(1) **それぞれの場面のごんと兵十の心情曲線をかく**

　はじめにワークシート（前ページ上段）に，物語の設定（時・場・人物）を書きます。中心人物のごんと兵十はどんな人物か詳しく書いていきます。

　続いて，場面ごとに内容を簡単にまとめ，ワークシート上に書いていきます（四場面以降のワークシートは，コピーしてワークシートをつくります）。

　次に，場面ごとの読み取りに基づいて，ごんと兵十の気持ちを心情曲線で表していきます。兵十の気持ちを上，ごんの気持ちを下に表します（最後の場面の気持ちの重なりをわかりやすくするため，兵十とごんの好き嫌いの数字はあえて逆に示しています）。

　ごんを中心に話が進んでいくので，兵十がどれくらい好きか，ごんの気持ちを読み取り点を打っていき，最後に，はじめとおわりの気持ちの変化を線で結び，最後の場面でお互いの心が寄り添うことを確かめます。

(2) **ワークシートを台紙に貼って巻物にする**

　ワークシートを横につなげ，模造紙でつくった台紙に貼ると，長い巻物のようになります。ひもをつけてあげるとより雰囲気が出ます。また，場面の絵もかくと楽しい作品になります。もし時間があれば，ごんへの手紙を巻物の最後に貼るのもよいでしょう。

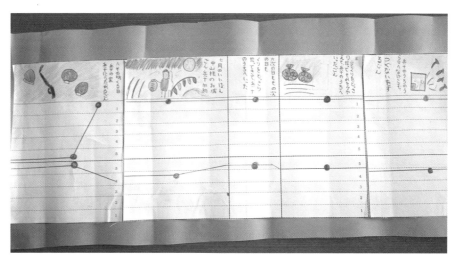

最後の場面で2人の気持ちが重なることがわかります

場面の絵もかくと楽しい作品になります

Chapter 2
わかる！簡単！楽しい！
小学校国語授業のとっておき学習アイテム40

| 4年 | 読むこと（物語） | 「世界一美しいぼくの村」 |

「つながリーフレット」でつながりのある物語のよさを紹介しよう！

わかる！	「つながりのある物語のよさ」がわかります。
簡　単！	ワークシートに沿って書くことができます。
楽しい！	多くのつながりのある本を知ることができます。

　シリーズの本などを読んでいくと，1冊ではわからなかった中心人物の性格を知ったり，物語の世界の深さを知ったりすることができます。そこで，2つのリーフレットを合体させる作品をつくることで，つながりのある物語のよさを体験させます。

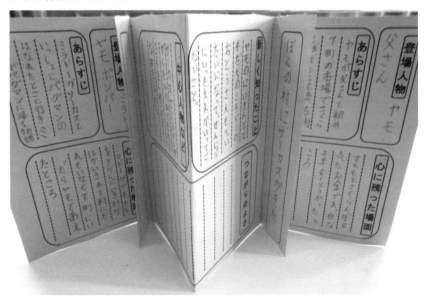

コピーして使える学習アイテムのページ

「つながリーフレット」(八つ切りサイズの画用紙に拡大印刷)

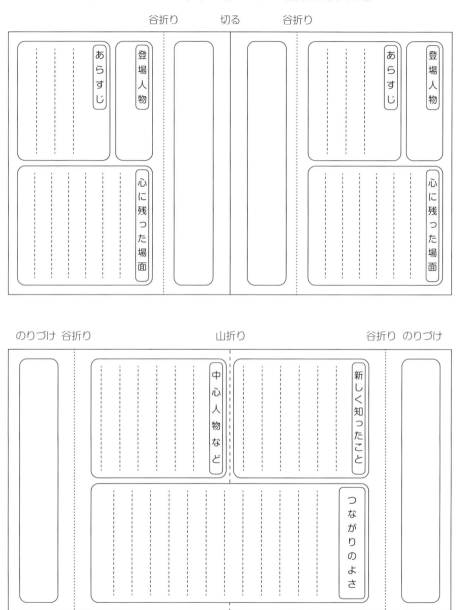

アイテムを活用した授業例

つけたい力と具体的なゴールの姿

●つながりのある物語のよさを理解する

　つながりのある物語を読み，人物像，人物と人物との関係，物語の世界の様子など物語をより深く読めることが理解できる。

授業展開例

(1) つながりのある本を読んで，内容をまとめる

　はじめに，「お手紙」を読み聞かせた後，「なくしたボタン」を聞かせます。1冊読んだときと，もう1つ読んだときの感想を話し合い，つながりのある本を読むと，1冊ではわからなかった登場人物のことや，話の続き，物語の世界などがわかるということを押さえてから，教材文「世界一美しいぼくの村」を学習していきます。

　次に，「世界一美しい村に帰る」「ぼくの村にサーカスがきた」などのつながりある話か，まったく違う小林豊さんのシリーズものの本「ぼくは弟と歩いた」等を使って，ワークシート（前ページ上段）の右と左にそれぞれのあらすじや心に残った場面をまとめていきます。

(2) つながりのある物語のよさを考えてまとめる

　次に，前ページ下段のワークシートに，つながりのある物語を読んだよさをまとめていきます。難しい場合は，同じシリーズを選んだ子で集まって，話しながらまとめていってもよいでしょう。

　完成したワークシートをつなぎ合わせれば，「つながリーフレット」の完成です。同じ作品を読んだグループで交流すると気づかなかった発見があり，違う作品のグループと交流すると新たな本を読む意欲が高まります。

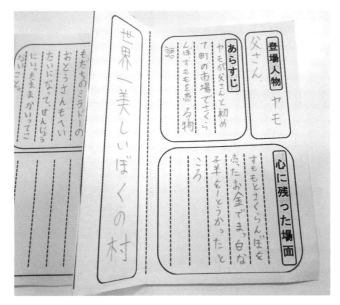

左右それぞれにつながりのある物語のあらすじなどを書いていきます

つながりのよさを中央に書いていきます

Chapter 2
わかる！簡単！楽しい！
小学校国語授業のとっておき学習アイテム40

| 5年 | 読むこと（物語） | 「世界でいちばんやかましい音」 |

「チェンジカード」で山場の変化を伝えよう！

わかる！	「物語の山場」について学習できます。
簡　単！	カードを折って切って差し込めば完成です。
楽しい！	絵が変わるので楽しく友だちと交流できます。

　紙を開くと，絵が変わるカードで，何かが変わったときの表現にぴったりです。「はじめとおわりで何が変わったのか」を自分なりにまとめさせることで，山場の変化を読み取る力をつけていきます。

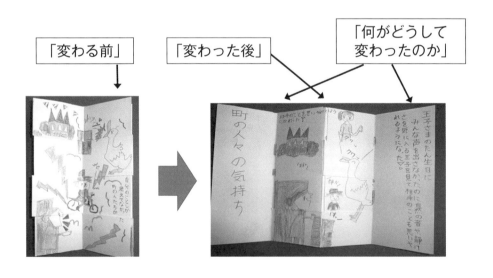

コピーして使える学習アイテムのページ

「チェンジカード」（八つ切り画用紙に拡大印刷）

A（中の3つの横線は切る）

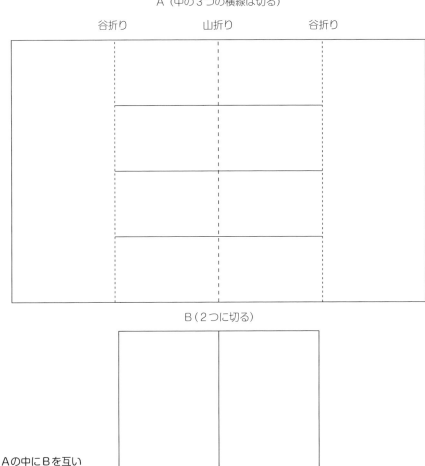

B（2つに切る）

Aの中にBを互い違いに入れていく

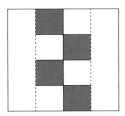

アイテムを活用した授業例

つけたい力と具体的なゴールの姿

●物語の山場を読み取る力

物語全体を通して,最も大きな変化が起きるところ(山場)に気づき,山場の変化とその理由について自分の考えをもつことができる。

授業展開例

(1)「チェンジカード」の準備シートを作成する

はじめに,教材文の山場はどこかを話し合います。山場の場面はぶれないよう全員で共通理解します。次に,「チェンジカード」の準備シート(次ページ)を使って,山場の場面で何がどのように変わったのか考えます。中心人物の王子が変わったことを中心に,他にも変わったものはないか考えていきます。話し合う中で,どうしてそれが変わったのか,自分の考えも書いていきます。

(2)「チェンジカード」に書き込む

準備シートができ上がったら「チェンジカード」に書き込んでいきます。書き方がわからないときは右のようなモデルカード(教材「走れ」で作成)を参考にさせます。

でき上がったら,友だちと作品を交流し合います。

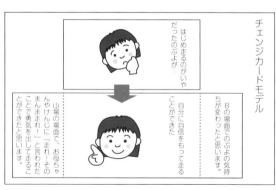

「チェンジカード」の準備シート	何が変わったのか （　　　）	どのように変わったのか　どの場面で変わったか　○の場面	どのように変わったのか　（前ばなしで）はじめ○○だった○○が（後ばなしで）○○に変わった	イラスト（前ばなしから）変わる前	（山場の場面で）どうして変わったのか
				（後ばなしから）変わった後	

「チェンジカード」の準備シート

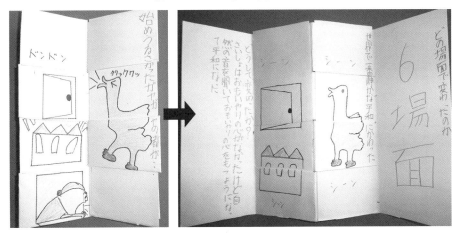

絵が変わるので楽しく友だちと交流できます

Chapter 2
わかる！簡単！楽しい！
小学校国語授業のとっておき学習アイテム40

5年　読むこと（物語）　「注文の多い料理店」

「くふう発見リーフレット」で表現の工夫を伝えよう！

わかる！	「表現の工夫」を学習できます。
簡　単！	2つの作品を視点を絞ってまとめます。
楽しい！	様々な本の工夫を交流を通して知ることができます。

　2つの作品の表現の工夫を，「色」「たとえ」「同じ言葉のくり返し」など3つの視点に沿ってリーフレットに整理します。視点ごとに開くとそれぞれの作品の工夫がわかるようなリーフレットになっているので，見つけた表現の工夫を楽しく交流することができます。

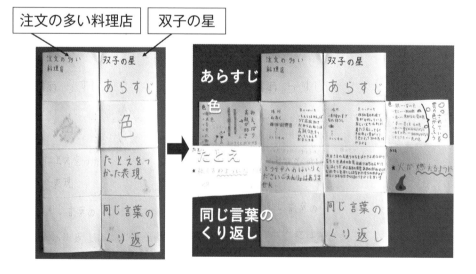

注文の多い料理店　　双子の星

コピーして使える学習アイテムのページ

「くふう発見リーフレット」(八つ切り画用紙に拡大印刷)

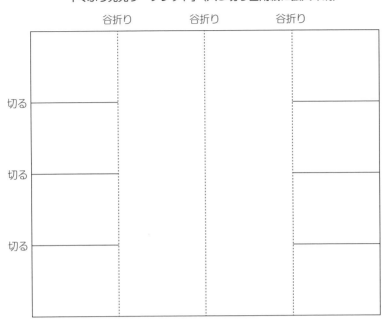

準備シート(B4用紙に拡大印刷)

「くふう発見リーフレット」準備シート( )	紹介する作品	あらすじ	題名の意味 物語のしかけ	2つの意味をもつ言葉 や表現	様子を表す言葉	色さいを使った表現	たとえを使った表現	同じ言葉のくり返し	感想
				表現の工夫					

アイテムを活用した授業例

つけたい力と具体的なゴールの姿

●表現の工夫を読み取る力

　物語をおもしろくしている表現の工夫を探し，２つの作品の表現の工夫のおもしろさを説明することができる。

授業展開例

(1) **教材文とは別の１冊を読んで準備シートに記入する**

　前ページの準備シートの上段に，「注文の多い料理店」について，視点ごとに気がついた表現の工夫をまとめていきます。

　次に，宮沢賢治の別の作品を読み，同じ視点で気がついた表現の工夫をまとめていきます。

(2) **「くふう発見リーフレット」をつくる**

　３つの視点に絞って，２つの作品の表現の工夫を「くふう発見リーフレット」にまとめていきます（一番上にはあらすじも書きます）。

　まとめたら，リーフレットを折ったり切ったりして完成させます。右図のように，真ん中で折った状態にしておけば，左右の切り込みを一度に入れられます。

　でき上がったら，それぞれが見つけた表現の工夫について交流します。

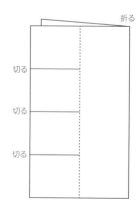

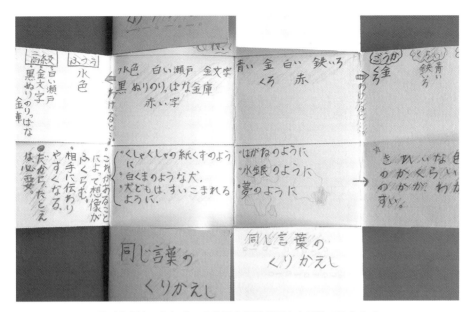

開くと視点ごとに2つの作品の表現の工夫を見比べられます

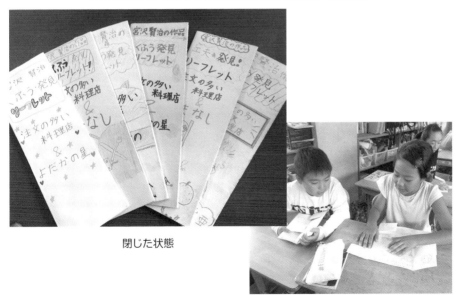

閉じた状態

見つけた表現の工夫を楽しく交流できます

Chapter 2
わかる！簡単！楽しい！
小学校国語授業のとっておき学習アイテム40

| 5年 | 読むこと（物語） | 「手塚治虫」 |

「とびだせ！いじんくん」で心に残った偉人を紹介しよう！

わかる！	「伝記から考え方や生き方を読む」ことを学習できます。
簡　単！	ワークシートに絵を貼るだけです。
楽しい！	いろいろな偉人のことを知ることができます。

　ワークシートを開くと，人物の似顔絵がとびだす紹介カードです。ワークシートのタイトルには，その人物がひと言で言うとどんな人かわかりやすい言葉で書かせます。また，伝記の中でポイントになる事柄を3つ挙げて紹介し，自分の思いも書かせます。

コピーして使える学習アイテムのページ

人物の似顔絵（八つ切り画用紙にかく）

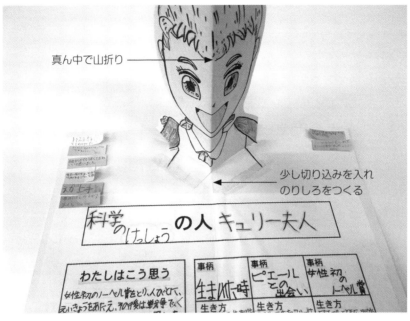

ワークシート（B4用紙に拡大印刷して画用紙に貼る）

	の人		
わたしはこう思う	事柄	事柄	事柄
	生き方	生き方	生き方

アイテムを活用した授業例

つけたい力と具体的なゴールの姿

●伝記から考え方や生き方を読み取る力

　人物の生き方がどのように描かれているかを読み取り，その人物の生き方について感じたことを説明することができる。

授業展開例

(1) **似顔絵をつくる**

　八つ切りの画用紙を1人につき2枚用意します。1枚は台紙に，もう1枚は半分に切って，人物の似顔絵をかかせます。

　顔がかけたら，半分に折って台紙の上部に貼りつけます。このとき，最初はテープで仮止めして開き具合を確認し，最後にのりづけします。

(2) **人物の説明を書く**

　前ページ下段のワークシートに，人物の説明を書いていきます。タイトルは，「愛と勇気の人マザーテレサ」のように，人物名の前に，その人物をひと言で言うとどんな人かわかりやすい言葉で書きます。また，伝記の中でポイントになる事柄を3つあげ，人物の生き方（行動）とあわせて紹介します。さらに，読んで自分自身が思ったことを書きます。

　ワークシートが完成したら，似顔絵の下に貼ります。

　その後は，いろいろな人と交流することで，多くの歴史上の偉人の名前やその生き方を知ることができます。

　交流して感じたことを付箋に書き，前ページ上段の写真のように，カードの余白に貼るのがおすすめです。

わかりやすい言葉で紹介します

たくさんの友だちと交流させます

Chapter 2
わかる！簡単！楽しい！
小学校国語授業のとっておき学習アイテム40

| 5年 | 読むこと（物語） | 「大造じいさんとがん」 |

「三角フラッグガーランド」で受け取った作品の心を伝えよう！

わかる！	「主題」について学習できます。
簡　単！	端的にひと言で表します。
楽しい！	友だちの作品と並べて掲示できます。

　物語には，それぞれ主題（作品の心）があります。

　そこで，自分が受け取った作品の心を言葉にして伝え合います。「正々堂々と戦うことの大事さ」「頭領の偉大さ」など端的な言葉で表し，その言葉の解説や簡単な絵とととともに紹介します。お互いの考えを交流することで，多様な視点から主題を捉えることができます。

コピーして使える学習アイテムのページ

「三角フラッグガーランド」（B4用紙に拡大印刷し，たこ糸でつなぐ）

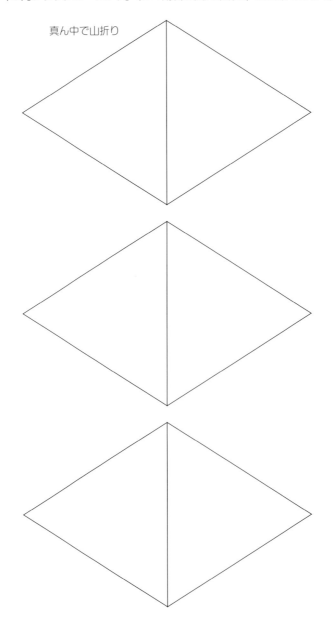

真ん中で山折り

アイテムを活用した授業例

つけたい力と具体的なゴールの姿

●物語が自分に最も強く語りかけてきたことを考える

　物語の山場で起きる大きな変化とその理由や，物語の中で大事だと思う言葉などから作品が最も自分に伝えたいことを表現できる。

授業展開例

(1) 自分が受け取った作品の心を書く

　物語には作者が伝えたい主題（作品の心）があります。その受け取り方は，読み手によって様々であり，それぞれが受け取った作品の心を伝え合うことで，「そういう読み方もできるのか」という新しい発見があります。

　そこで，各々が受け取った作品の心を「三角フラッグガーランド」に端的に書きます。解説と心に残った場面の絵とあわせて3つのフラッグができます。

(2) 「三角フラッグガーランド」で交流する

　たこ糸に通し，真ん中で折ってのりづけしたら完成です。完成したら，できるだけたくさんの友だちと交流していきます。フラッグを机の上に置いて，読み合うとよいでしょう。

スペースが限られている分,かき方に個性が出ます

友だちと交流していろいろな感じ方を知りましょう

Column
発達段階や子どもの実態を見極めて

　書名をご覧になればご理解いただけると思いますが,「わかる!」「簡単!」「楽しい!」という3つのフレーズが,本書のキーワードになっています。私は,この3つの視点が,授業で活用しやすいアイテムに必須の要件だと考えています。

　さて,ここでは「楽しい!」に焦点を当てて述べていきます。
　ひと口に「楽しい!」と言っても,低学年,中学年,高学年でできることには違いがあるので,楽しさの質や取り組むことができる学習活動には少なからず違いが出てきます。

　例えば,低学年の段階では,長い文を書いたり,ものをつくったりすることはなかなか難しいので,発表や簡単な劇などが,多くの子どもが無理なく楽しみながら取り組める学習活動と言えます。
　中学年になると,ある程度切ったり貼ったりという作業もできるようになってくるので,具体物を作成するような活動に子どもたちは熱中して取り組みます。
　高学年になると,さらに知的な水準が上がってくるので,形に残るものをつくるだけでなく,意見交換会などに意欲的に取り組む子どもが少なくありません。

また，学習活動を「演じる」「紹介・推薦」「創作」「交流」「その他」で整理すると，次のようなものが考えられます。
　こういった中から，発達段階に応じて適切なものを選び，継続的に取り組んでいくとよいと思います。

演じる	読み聞かせ，劇，ペープサート（紙人形劇）紙芝居，朗読・群読，発表会
紹介・推薦	本の帯，作者の紹介，本の推薦文・ブックトーク読書ポスター，リーフレット，パンフレット本のポップ，報告書，読書郵便
創作	語録集，手紙を書く，続き話を書く，読書クイズ
交流	テーマ読書会，感想を述べ合う
その他	図鑑や事典を利用する，解説を利用する，新聞を読む

　発達段階だけで単純に決められるものでもないので，**「自分の学級の子どもたちは，どんなことなら楽しみながら取り組むことができるか」**という視点も大事だと思います。

Chapter 2
わかる！簡単！楽しい！
小学校国語授業のとっておき学習アイテム40

| 1年 | 読むこと（説明文） | 「じどう車くらべ」「いろいろなふね」 |

「のりものすごいぞカード」でいろんな乗り物を紹介しよう！

わかる！	「正しく読み取る」ことを学習できます。
簡単！	カードに書き込むだけです。
楽しい！	友だちといろいろな車を紹介し合えます。

　仕事の内容，車のつくりの工夫について，カードにまとめていくことで，説明文を正しく読み取る力を育てます。「いろいろなふね」の学習後の練習としても活用できます。車の絵の型紙を活用すると，より意欲的に学習できます。

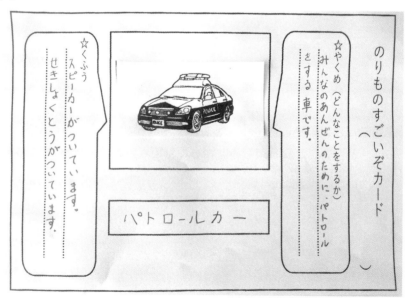

コピーして使える学習アイテムのページ

「のりものすごいぞカード」（B4用紙に拡大印刷）

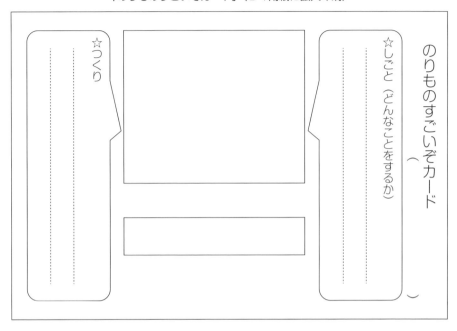

「じどうしゃカード」（ワークシートの枠に合うように拡大印刷）

アイテムを活用した授業例

つけたい力と具体的なゴールの姿

●書いてあることを正しく読み取る力

それぞれの乗り物がどんな仕事をしていて,そのためにどんなつくりをしているのかを正しく読み取ることができる。

授業展開例

(1) 乗り物の仕事とつくりをまとめる

それぞれの乗り物ごとに,①仕事(どんなことをするか),②つくりを読み取り,ワークシート(右ページ上段)にまとめます。①については「○○は○○のしごとをしています」,②については「そのために,○○ます」という文型を示しています。

(2) 「のりものすごいぞカード」をつくり,友だちと交流する

まず,救急車で練習します。教科書の例を参考にしながら,ワークシートに書き,「のりものすごいぞカード」に救急車の型紙の絵を貼って,ふきだしに仕事とつくりをまとめていきます。

次に,他の型紙の絵を自分で選んで「のりものすごいぞカード」をつくっていきます。慣れてきたら,自分で自動車を調べ,絵も自分でかいてカードをつくります。

できたカードで友だちと楽しく交流します。

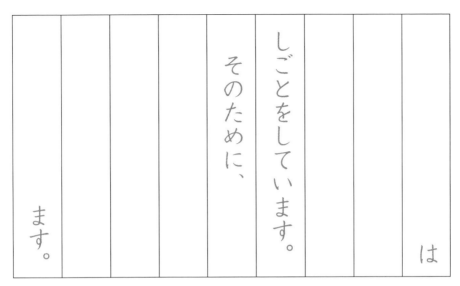

ワークシートで練習してから，カードに書いていきます

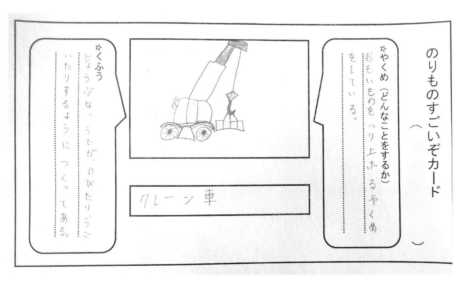

慣れてきたら，絵なども自分でかきます

Chapter 2
わかる！簡単！楽しい！
小学校国語授業のとっておき学習アイテム40

2年　読むこと（説明文）　「どうぶつ園のじゅうい」

「一日じゅういさん」になって
いろんな動物を紹介しよう！

わかる！	「時間を表す言葉」を学習できます。
簡　単！	ワークシートに沿って書くだけです。
楽しい！	動物園を使って友だちと交流します。

　動物園の獣医さんになって，一日にどのような動物のお世話をしたか，順序を考えながら説明していきます。この学習活動を通して時間を表す言葉を身につけていくことができます。

出る前	しごとのおわり	夕方	お昼すぎ	お昼前	見回りがおわるころ	朝	じゅういさん日記
おふろに入りきれいにする。	一日の日記をかく。	コアラののみこんだキーホルダーをとりだす。	ライオンのおなかがはれているのをなおす。	サルのおなかに赤ちゃんがいるかどうかみる。	シマウマのひづめがわれてないかみる。	ごはんをあげながら動物のようすをみる。	（　　　）

コピーして使える学習アイテムのページ

動物園（八つ切り画用紙に拡大印刷）

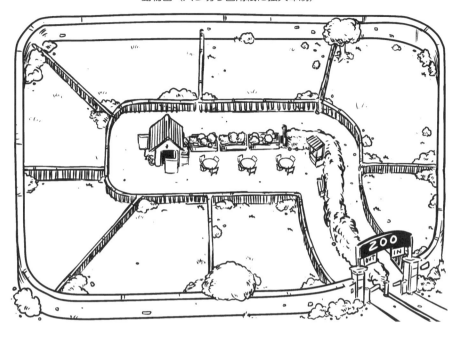

動物と獣医さんのカード（B4用紙か八つ切り画用紙に拡大印刷）

アイテムを活用した授業例

つけたい力と具体的なゴールの姿

●**時間を表す言葉を読み取る力**

時間を表す言葉に気をつけて読み，それぞれの仕事について，その仕事をしたわけや工夫したことを説明することができる。

授業展開例

(1) **ワークシートにまとめる**

まず，「朝」「見回りがおわるころ」などの時間を表す言葉に気をつけて，それぞれの時間に獣医さんがどんなことをしたか，ワークシート（次ページ上段）に書いていきます。

次に，それぞれの仕事をしたわけや，工夫したことを話し合います。

(2) **自分が獣医さんになったつもりで考える**

教材文をまとめたら，今度は自分たちが「一日じゅういさん」になって，動物のお世話をしたことをワークシートに書いていきます。

まず，グループになって，動物園の型紙（前ページ上段）の上に動物のカード（前ページ下段）を1つずつ置いていきます。そして，ワークシートに，自分たちが獣医さんになったつもりで，したことや工夫を書いていきます。教材文に倣って，「朝」「しごとのおわり」「出る前」を除く4つの時間に，4匹の動物を選んで書くことになります。

全員が書けたら，発表者が，獣医さんのカード（前ページ下段）をペープサートにして，発表していきます。聞いている人は，「なぜそうしたのですか？」のように理由を質問すると，「普段の様子を見ておくと，病気のときすぐに気がつくからです」などのやりとりができます。

じゅういさん日記（　　　）	朝	見回りがおわるころ	お昼前	お昼すぎ	夕方	しごとのおわり	出る前

ワークシート

教材文を参考に，自分がつくった動物園の日記を書いていきます

Chapter 2
わかる！簡単！楽しい！
小学校国語授業のとっておき学習アイテム40

2年　読むこと（説明文）　「ビーバーの大工事」

「どうぶつすごいぞクイズ」で動物のすごいところを紹介しよう！

わかる！	「大事な言葉や文」を見つける学習ができます。
簡　単！	ワークシートにクイズを書くだけです。
楽しい！	友だちとクイズを出し合って交流できます。

　教材文の中の大事な言葉や文を基にクイズをつくります。クイズのワークシートには「問題」「ヒント」「答え」「解説」があります。大事な言葉や文を見つけることをくり返していくことで，要約したり，要点をまとめたりすることの素地をつくっていきます。

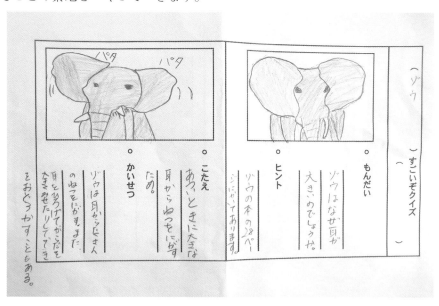

コピーして使える学習アイテムのページ

「ビーバーすごいぞクイズ」のワークシート（B4用紙に拡大印刷）

ビーバーすごいぞクイズ（　　　　　　）

○もんだい
○ヒント
○こたえ
○かいせつ

「動物すごいぞクイズ」のワークシート（B4用紙に拡大印刷）

（　　　）すごいぞクイズ（　　　　　　）

○もんだい
○ヒント
○こたえ
○かいせつ

アイテムを活用した授業例

つけたい力と具体的なゴールの姿

●**大事な言葉や文を見つける力**

　教材文を基にクイズを考えることで，知りたいことに関係のある言葉や詳しく書いてあるところを読み取ることができるようになる。

教材アイテムの使い方

(1)**教材文で「ビーバーすごいぞクイズ」を考える**

　教材文「ビーバーの大工事」を読んで，「ひみつ」を探します。「ひみつ」を見つけたら，ワークシートにクイズをつくっていきます。

　まず，見つけたひみつが書かれている文を抜き出し，それが答えになるように問題をつくります。問題は，「○○は〜でしょうか」の形になるようにつくっていきます。

　次に，「ひみつ」の文から答えをつくります。言葉を足したりいらない文を削ったりして短くまとめます。

　最後にヒントと解説を書きます。ヒントは，「教科書の○ページに書いてあります」などと具体的に書きます。

(2)**「どうぶつすごいぞクイズ」をつくる**

　図書室で，動物のすごいところを紹介した図鑑や本などを使い，気に入った動物のクイズをつくります。クイズのつくり方は，「ビーバーすごいぞクイズ」と同じ要領です。

　最後に，みんなでクイズを出し合い，楽しく交流しましょう。

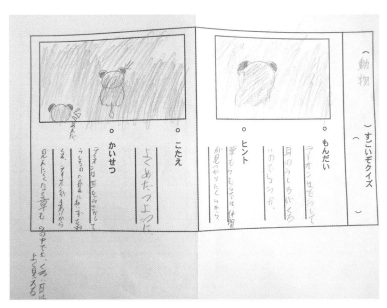

出題するときは，答えや解説が見えないように半分に折ります

でき上がったらみんなでクイズを出し合います

| 3年 | 読むこと（説明文） | 「自然のかくし絵」 |

「かくし絵カード」で問いと答えの関係を知ろう！

わかる！	「段落ごとの内容を捉える」ことが学習できます。
簡　単！	準備シートで整理できます。
楽しい！	カードのしかけを楽しみながら交流できます。

　このアイテムは，開くと絵が変わるしかけカードです。はじめの閉じた部分に「どこにかくれているでしょう」という問いを，開いた部分にその昆虫の名前と特徴をかきます。

　答えを「はじめ」「中」「おわり」で説明していくことで段落の特徴も学習できます。

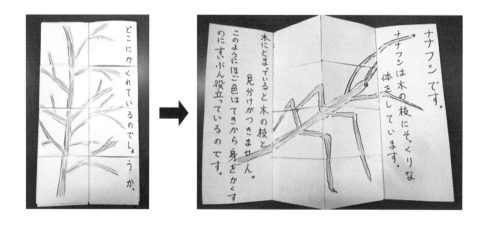

コピーして使える学習アイテムのページ

「かくし絵カード」(八つ切り画用紙に拡大印刷)

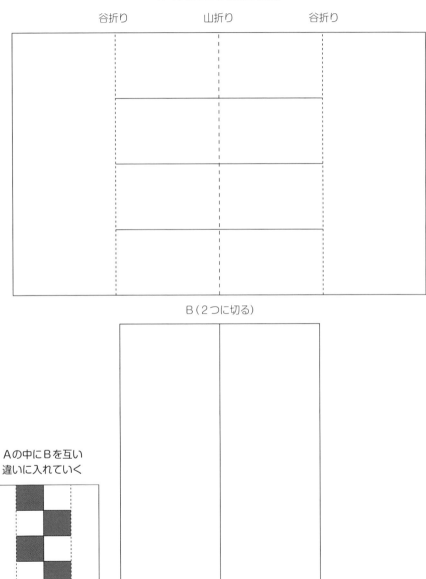

アイテムを活用した授業例

つけたい力と具体的なゴールの姿

●段落ごとの内容を捉える力

　大事な言葉を考えて段落の内容を短くまとめ，説明文には「問い」や「答え」があることを理解することができる。

授業展開例

(1) **自分が選んだ生き物を準備シートにまとめる**

　はじめに，教材文を形式段落で分け，短くまとめていきます。その際，「題名に関係ある言葉」や「くり返し出てくる言葉」を意識して大事な言葉を押さえていきます。次に，「こん虫はどのようにてきからみをかくしているのでしょうか」という問いを基にして読み取った後，本文に登場する昆虫で自分がすごいと思ったものについて，準備シート（次ページ上段）にまとめます。

(2) **「かくし絵カード」をつくり，発表する**

　準備シートを基にして，「かくし絵カード」をつくっていきます。このとき，モデル（次ページ下段）を参考にさせてもいいでしょう。

　最後に発表会をします。「何がかくれているでしょうか」「ミンミンゼミは木の幹とそっくりの色をしています」「このように保護色はずいぶん昆虫の役に立っているのです。」という「問いと答え」「序論・本論・結論」の形で読ませると段落のまとまりを意識した発表になります。

準備シート

「かくし絵カード」のじゅんびシート	しょうかいするこん虫（　　　）	どんなタイプ？（自然のものにそっくり・自分で場所をかえる・自分で体の色をかえる）	かくれているようす	こたえのようす
	（　　　）		どのようなほご色？（何ににているの？）	
			まとめ（このように…）	

かくし絵カードモデル

どこにかくれているのかな？

↓

ミンミンゼミ

ミンミンゼミは、木の色にそっくりな色をしています。

このように、ほご色はてきにみこまれながらこん虫が生きつづけるのに、ずいぶん役立っているのです。

（　　　）は、自然のものにそっくりなほご色をもっています。

Chapter 2
わかる！簡単！楽しい！
小学校国語授業のとっておき学習アイテム40

3年　読むこと（説明文）　「人をつつむ形―世界の家めぐり」

「セールスカード」で世界の家を宣伝しよう！

わかる！	「文章や絵から読み取ったこと」を整理できます。
簡　単！	準備シートから転記できます。
楽しい！	物語の登場人物になって劇ができます。

　教材文に倣って，「家のつくり」「人々のくらし」「材料」という3つの視点を中心に，世界の家を紹介します。それぞれがセールスマンになって話すことで，その家の特徴を楽しく紹介し合うことができます。

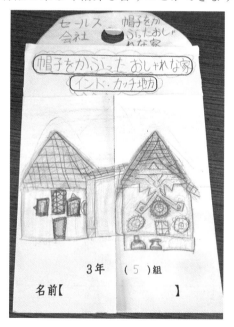

コピーして使える学習アイテムのページ

「セールスカード」(八つ切り画用紙に拡大印刷)

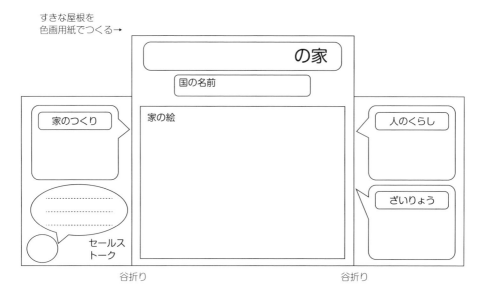

準備シート(B4用紙に拡大印刷)

世界の家のセールスマンワークシート（　　　）	○○の家	国や地方の名前	家のつくり	人々のくらし	材料	セールストーク

アイテムを活用した授業例

つけたい力と具体的なゴールの姿

●文章や絵から読み取ったことを整理する力

　いろいろな家について，それぞれどのような点について説明しているのかを考えてまとめることができる。

授業展開例

(1)**準備シートに調べた内容を視点ごとに整理する**

　この教材文は，特色ある世界の家を，「家のつくり」「人々のくらし」「材料」の3つの視点で表しています。そこで，世界の特色ある家を調べ，その3つの視点で整理します。また，家を売るつもりで，その家をひと言で「〇〇の家」で表現し，セールスポイントも文章にします。まずは準備シートに整理していきます。

(2)**準備シートを基に,「セールスカード」をつくる**

　準備シートに整理できたら，「セールスカード」に記入していきます。カードの中央には家の内観を，扉の部分（裏面）には家の外観の絵をかくとよいでしょう。また，カードには自分で工夫して色画用紙で屋根をつくって貼りつけます。

　完成したらセールスマンのように家を勧めて回ると楽しく交流できます。

　（例）いらっしゃいませ。今日はインドにある「帽子をかぶったおしゃれな家」を紹介します。草やわらを使って帽子をかぶったような屋根です。中を見てください。（中略）とっても涼しくて過ごしやすいです。暑がりな人にはぴったりです。どうです？　いい家でしょう。

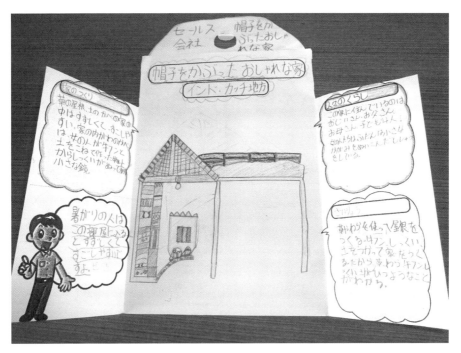

カードを開くと,解説や絵が現れます

セールスマンのように説明するとさらに楽しく交流できます

Chapter 2
わかる！簡単！楽しい！
小学校国語授業のとっておき学習アイテム40

4年　読むこと（説明文）　「くらしの中の和と洋」

「ひらいて"わっ"と"YO"カード」で和と洋の違いを紹介しよう！

わかる！	「対比」「引用」について学習できます。
簡　単！	カードに端的にまとめられます。
楽しい！	衣食住に分かれているので楽しく交流できます

　衣・食・住それぞれの和と洋のものについて，対比しながらカードにまとめていきます。端的にまとめることができ，文章でも説明するので引用する力も身につきます。

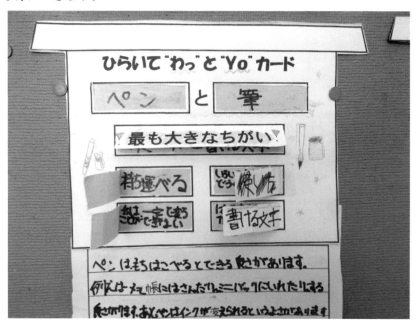

コピーして使える学習アイテムのページ

「ひらいて"わっ"と"YO"カード」(それぞれ八つ切り画用紙に拡大印刷)

食の台紙

ひらいて"わっ"と"YO"カード
最も大きなちがい

衣の台紙

ひらいて"わっ"と"YO"カード
最も大きなちがい

住の台紙

ひらいて"わっ"と"YO"カード
最も大きなちがい

説明用紙(台紙に合わせて印刷)

アイテムを活用した授業例

つけたい力と具体的なゴールの姿

●対比する力と引用する力

　2つのものを同じ視点で対比したり，本の説明を引用したりしながらリーフレットにまとめることができる。

授業展開例

(1) **リーフレットで和のものと洋のものを対比する**

　教材文「くらしの中の和と洋」を学習した後，図鑑や本を読んで，衣食住の中から自分で選んだ和のものと洋のものをリーフレットで対比します。

　リーフレットの型紙は色画用紙に貼りつけます。

　一番上の2つの空欄は枠を切り抜き，色画用紙に対比する和と洋のものをそれぞれ書きます。

　「最も大きなちがい」の枠も切り抜き，色画用紙に最も大きな違いを2つの視点で端的に書きます。

　その下の2対の空欄には，「最も大きなちがい」であげた2つの視点をまとめます。空欄は左右の1辺を除く3辺を切っておきます（型紙がとびらになります）。とびらとなる台紙に対比の視点を，色画用紙にはその視点の和洋それぞれの特徴を書きます。

(2) **説明を書く**

　リーフレットができたら，調べた図鑑や本から文章を引用しながら，2つの違いを説明します。

　最初から本や図鑑で，必要な情報を見つけてくることが難しい子どもは，教材文を使って，和室と洋室の対比や説明をさせるとよいでしょう。

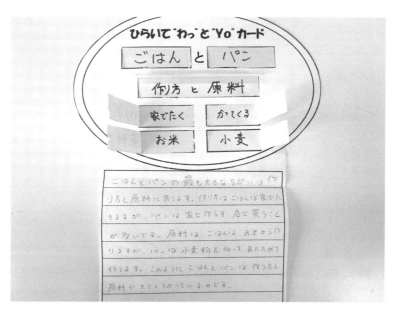

とびらを開けるとそれぞれの特徴が出てきます

調べた図鑑や本を引用しながら説明をまとめます

Chapter 2
わかる！簡単！楽しい！
小学校国語授業のとっておき学習アイテム40

4年　読むこと（説明文）　「『ゆめのロボット』を作る」

「ゆめのロボットシート」で
わたしのゆめのロボットを紹介しよう！

わかる！	「文章を関係づけて読む」ことを学習できます。
簡　単！	話型に沿って説明できます。
楽しい！	絵も入っているので，楽しく交流できます。

　筆者の考えを読み取って，自分だったらどのようなロボットをつくるか，ロボットの特徴と自分の考え（願い）をシートに書いて説明します。

　話型に沿って書くことができるので，書きやすく，絵もかくので楽しく活動できます。

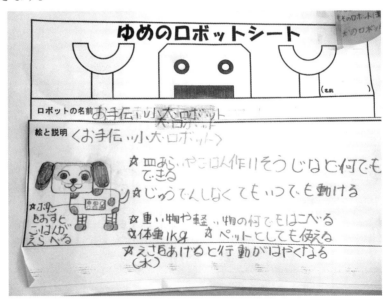

コピーして使える学習アイテムのページ

「ゆめのロボットシート」（B4用紙に拡大印刷）

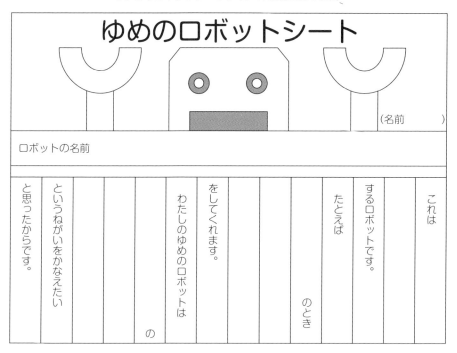

絵と説明シート（上の話型の部分の上にテープで貼る）

アイテムを活用した授業例

つけたい力と具体的なゴールの姿

●**文章を関係づけて読む力**

インタビュー記事と説明文に書かれていることを基にして，自分でも「ゆめのロボット」について関係づけながらまとめることができる。

授業展開例

(1) 教材文を読み取り，自分の「ゆめのロボット」を考える

まず，次ページ上段のワークシート左上に，自分が考える「ゆめのロボット」をかきます（絵と簡単な説明）。

そして教材文から，著者が考えるロボットの役割を読み取っていき，ワークシートの右半分に書きます。

教材文の読み取りを経て，改めて自分が考える「ゆめのロボットシート」をかきます。

(2)「ゆめのロボットシート」を完成させる

(1)の準備を踏まえ，前ページの「ゆめのロボットシート」を完成させていきます。

上段の話型が示してある部分は，前半に「ロボットの役割と特徴」を，後半に「自分や人々の願い」を書くようになっています。このように，ある程度の話型を示すことで，苦手な子どもも取り組みやすくなります。

文章ができたら，下段のシートにロボットの絵とその説明を書きます。この紙をセロテープで上段の話型の部分に重ねて貼れば完成です。

完成したら友だちと交流します。絵の説明だけでなく，話型の部分に示された願いなども伝え合っていきましょう。

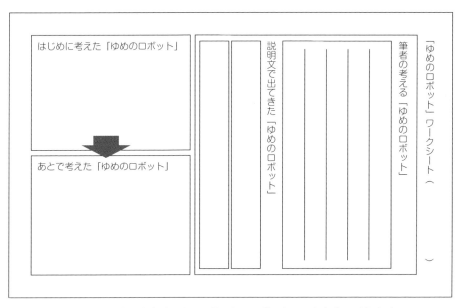

ワークシートでまとめてから,「ゆめのロボットシート」をつくります

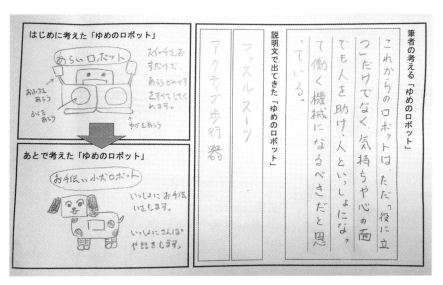

教材文を読む前後でロボットのイメージがかなり変わったことがわかります

Chapter 2
わかる！簡単！楽しい！
小学校国語授業のとっておき学習アイテム40

| 5年 | 読むこと（説明文） | 「動物の体と気候」 |

「動物すごいぞカード」で要旨を紹介しよう！

わかる！	「説明文の要旨を捉える」ことを学習できます。
簡　単！	準備シートで整理できます。
楽しい！	くるくる回して楽しく学習できます。

　気候に応じて動物が工夫している「体形」「体格」「毛」について，カードを回転させると，その特徴が対比されて出てくるようになっているおもしろいアイテムです。

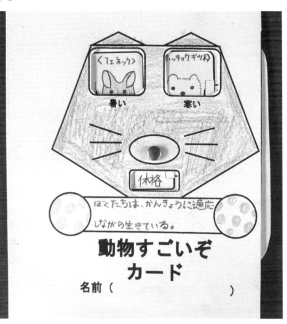

コピーして使える学習アイテムのページ

「動物すごいぞカード」(八つ切りサイズ画用紙に拡大印刷)

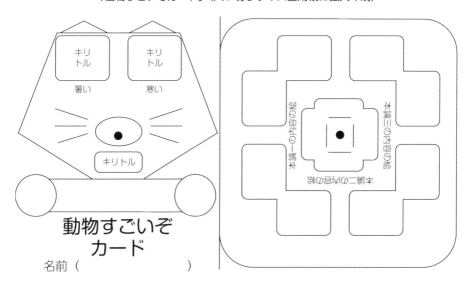

「準備シート」(B4用紙に拡大印刷)

動物すごいぞカード準備シート（　　　）	序論	本論一	本論二	本論三	結論	筆者の主張

アイテムを活用した授業例

つけたい力と具体的なゴールの姿

●説明文の要旨を捉える力

段落やまとまりにどのようなことが書かれているかを整理し，筆者の主張とあわせてカードにまとめることができる。

授業展開例

(1) 準備シートに内容を整理する

本教材は，本論が3つで構成されており，それぞれ，「体形」「体格」「毛」の工夫について，動物の事例を用いて説明されています。

まず，それぞれの本論に出てくる動物と事例のまとまりを整理し，準備シート（前ページ下段）にまとめます。その後，最後の「結論」から「筆者の主張」をまとめていきます。

(2)「動物すごいぞカード」をつくる

準備シートに記入した内容を，「動物すごいぞカード」（前ページ上段）にまとめます。右の例で動物の名前が書いてあるところは，簡単な絵をかいていきます。全部かいたら切り取って，鼻の部分を割ピンでとめます。

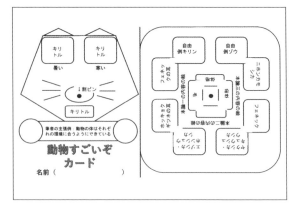

完成したらカードを回しながらそれぞれの工夫や筆者の主張を説明します。

118

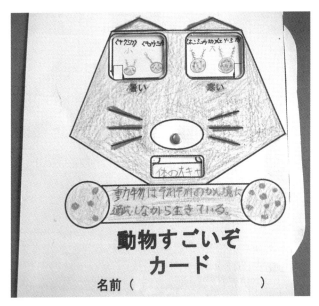

真ん中には準備シートでまとめた要旨を書いています

くるくる回して紹介し合います

Chapter 2
わかる！簡単！楽しい！
小学校国語授業のとっておき学習アイテム40

| 6年 | 読むこと（説明文） | 「イースター島にはなぜ森林がないのか」 |

「おしゃべりモアイ像くん」で筆者の考えに対する自分の考えを示そう！

わかる！	「筆者の考えをとらえ，自分の考えと比べる」ことを学習できます。
簡単！	吹き出しに考えを書くだけです。
楽しい！	賛成と反対で意見交流をすることができます。

　本教材の筆者は，「事実と意見」を組み合わせて論を展開しています。それらを読んで自分の考えを賛成または反対の立場で示し，交流していくためのアイテムです。批判的な読みの力も身につけることができます。

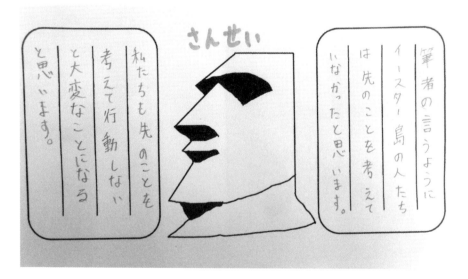

コピーして使える学習アイテムのページ

「おしゃべりモアイ像くん」(八つ切り画用紙かB4用紙拡大印刷)

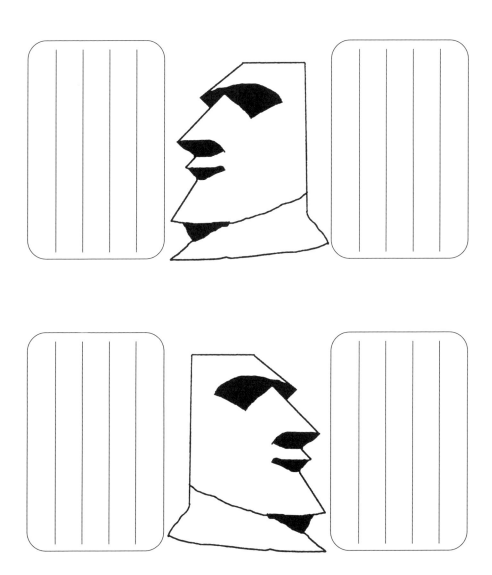

アイテムを活用した授業例

つけたい力と具体的なゴールの姿

●筆者の考えを捉え,自分の考えと比べる力

　筆者が,どのようにして自分の考えを筋道立てて説明したり,読み手を説得したりしようとしているか読み取り,自分はそれについてどう考えるか書くことができる。

授業展開例

(1)筆者の考えに対する自分の考えを書く

　本教材は,イースター島の歴史について,調査の結果明らかになった事実とそこから推測されることを根拠にして,「事実と意見」を織り交ぜながら筆者の考えが述べられた文章です。

　まず,筆者は何を伝えたいのかに気をつけて読み,要旨を押さえていきます。

(2)ワークシートに自分の考えを書いて交流する

　要旨を押さえたら,グループになり,「おしゃべりモアイ像くん」のワークシートの吹き出しに筆者の主張に対する各自の考えを書いていきます(賛成か反対かでグループのモアイ像の向きをそろえます)。

　その後,賛成と反対に分かれてそれぞれワークシートをそろえて置き,考えを交流していきます。いきなり交流をすると論点が噛み合わないこともあるので,次ページ上段の写真のように,考えを読んで思ったことをあらかじめ付箋に書き出し,ある程度論点をはっきりさせてから話し合うのもよいでしょう。

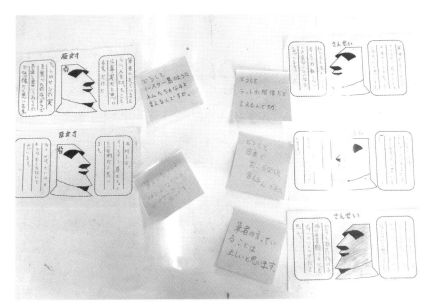

筆者の考えについて，賛成と反対に分かれます

それぞれが自分の考えを言って，交流していきます

子どもの学力差に対応する手立てとして

　発表会をしたり，何か具体物をつくったりするような学習活動を行おうとするとき，常につきまとう問題があります。
　それが，**「子どもたちの学力差」**です。
　例えば，何かをつくろうとすると，早くでき上がってしまって時間を持て余す子どももいれば，とても時間がかかってしまう子どももいます。
　本書で紹介しているアイテムは，こういった学力差に対応する手立てという側面ももっています。

　例えば，ワークシートを埋めていき，それを台紙に貼るだけで完成してしまうようなアイテムがあります。

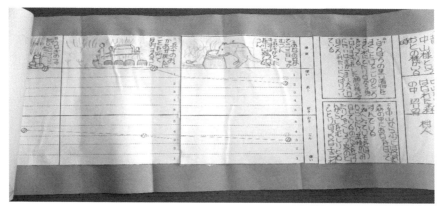

前ページの「ごん絵巻物」は，ごんと兵十の心情曲線を毎時間押さえながら書かせたワークシートをつなぎ合わせて完成するものなので，まさにこのタイプのアイテムと言えます。

　また，そこまでではなくても，いったん準備シートに内容をまとめ，それを転記していくような形で完成させることができるアイテムもあります。自由度が高いものをつくろうとすると，特に学力差が顕著に生じるので，作業のステップを細かく踏むことによって，学力差をできる限り埋めようというわけです。
　例えば，下の「かくし絵カード」です。このカードの作成に白紙の状態から取り組むのはハードルの高い活動ですが，**準備シートでいったん内容を整理することで，そのハードルがグンと下がります。**
　準備シートの段階で，教師が内容をチェックしてあげると，さらに安心して取り組むことができます。

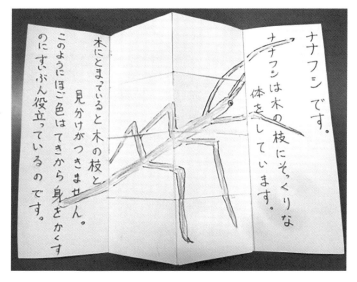

Chapter 2
わかる！簡単！楽しい！
小学校国語授業のとっておき学習アイテム40

1年　話すこと・聞くこと　　「『すきなものクイズ』をしよう」

「3ヒントクイズ」で
友だちのすきなものをあてよう！

わかる！	「よく聞いて話す」ことを学習できます。
簡　単！	3つのヒントで答えやすくなります。
楽しい！	爆弾の絵で楽しく交流できます。

　3ヒントで好きなものクイズを行います。最初に出題者がクイズを出し，回答者は3回だけ質問ができ，出題者はそれに応じたヒントを出します。その中で答えを探っていき，1つ質問するたびに答えを言うことができます（3つめのヒントで答えにたどり着けばOKです）。右ページの爆弾をあしらったアイテムを使うとより盛り上がります。

コピーして使える学習アイテムのページ

「3ヒントゲーム」（B4用紙に拡大印刷）

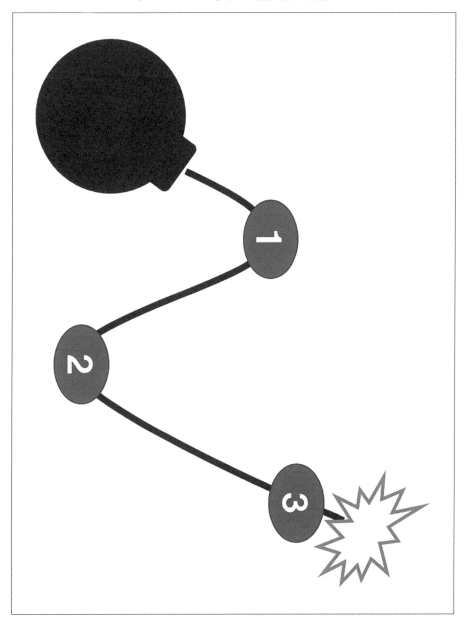

Chapter 2　小学校国語授業のとっておき学習アイテム40／127

アイテムを活用した授業例

つけたい力と具体的なゴールの姿

●よく聞いて話す力

友だちの話をよく聞いて質問し，質問をよく聞いてはっきりと答えることができる。

授業展開例

(1) クイズのルールを知る

最初にクイズのルールを確認します。

---

①出題者（複数でも可）と回答者（複数でも可）に分かれる。

②爆弾のワークシートの導火線の「3」のところに消しゴムを置く。間違えるたびに，消しゴムを1つ動かす。

③1つ目のヒントで当たれば100点，2つ目で当たれば50点，3つ目で当たれば30点もらえる。3つ目で外れた場合は，爆弾が爆発して0点になる。

---

(2) 3ヒントクイズで交流する

まずは，隣同士で練習をした後，いろいろな友だちとクイズを出し合って交流しましょう。問題の出し方や質問の仕方，ヒントの出し方などは，はじめに板書で例を示しておくとよいでしょう。

2人ペアになって出題し合っても盛り上がります。

1つのヒントごとに答えを言うことができます

2人ペアになって問題を出し合ってもよいでしょう

Chapter 2
わかる！簡単！楽しい！
小学校国語授業のとっておき学習アイテム40

2年　話すこと・聞くこと　「『おもちゃ教室』をひらこう」

「トントン人形」や「パクパク人形」のつくり方を伝えよう！

わかる！	「順序よく工夫して説明する」ことを学習できます。
簡単！	型紙と順序シートを使って説明できます。
楽しい！	遊んだ後，つくり方を説明して交流します。

　聞く人がわかりやすいように，順序よく工夫して説明することを目標にします。手づくりおもちゃについて，教科書の例（やまのぼりかめさん等）を扱った後，トントン人形やパクパク人形で遊び，つくり方を考えます。型紙や順序シートを使って上手につくり方を発表していきましょう。

コピーして使える学習アイテムのページ

「トントン人形」(八つ切り画用紙に拡大印刷して切る)

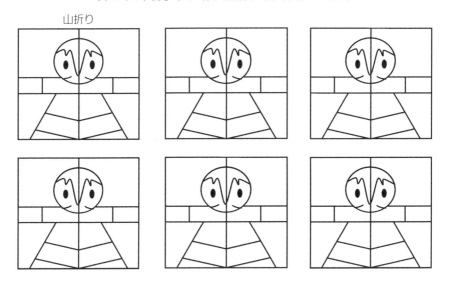

「パクパク人形」(八つ切り画用紙に拡大印刷)

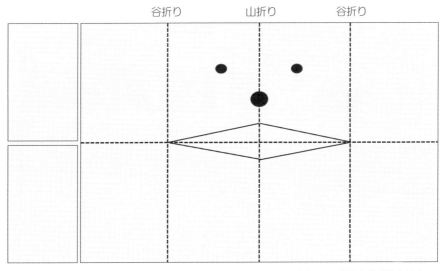

※「パクパク人形」のつくり方は,「パクパク人形の作り方 紙1枚で簡単にできる手作りおもちゃ」(YouTube動画)などを参考にしました。

アイテムを活用した授業例

つけたい力と具体的なゴールの姿

●順序よく工夫して説明する力

聞く人にわかりやすいように，話のまとまりごとに分けて，説明の仕方を工夫することができる。

授業展開例

(1) **人形で遊ぶ**

「トントン人形」や「パクパク人形」の完成版を配り，友だちと一緒に遊ばせます（完成版は次ページ上段を参照）。

(2) **人形のつくり方を説明する**

十分遊んだら，前ページの型紙を配り，グループでつくり方を話し合います。つくり方がまとまったら，右の「順序シート」を基に順序よく説明する練習を

これから	はじめに	つぎに	それから	さいごに

します。最後に説明したい方を決めて，ペアやグループに向けて発表します。

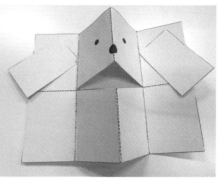

最初は完成版でしっかり遊びます

型紙を持って説明しています

Chapter 2
わかる！簡単！楽しい！
小学校国語授業のとっておき学習アイテム40

| 2年 | 話すこと・聞くこと | 「主語とじゅつ語に気をつけよう」 |

「主語・述語神経衰弱」をしよう！

わかる！	「主語と述語」について学習できます。
簡 単！	主語と述語のカードをそろえるだけです。
楽しい！	友だちと競争しながら学習できます。

　主語・述語の基本的なはたらきについて学習します。「何が・どうする」「だれが・どうする」をまず練習し，次に「何は・どんなだ」も主語と述語ということを，具体的な言葉を使ってゲーム感覚で練習します。

コピーして使える学習アイテムのページ

「主語・述語カード1」（2とあわせて八つ切り画用紙に拡大印刷）

わたしは	ぼくは	妹（いもうと）が	子ねこが	兄（あに）が	先生（せんせい）が	弟（おとうと）が

のむ	はしる	歌（うた）う	なく	あるく	よぶ	おどろく

「主語・述語カード2」

からすは	ねこは	月（つき）が	花（はな）が	いぬが	空（そら）が	とりが

黒（くろ）い	かわいい	きれい	小（ちい）さい	元気（げんき）だ	青（あお）い	大（おお）きい

アイテムを活用した授業例

つけたい力と具体的なゴールの姿

●主語と述語を組み合わせて使う力

「だれが・だれは」にあたる主語と「どうする」「どんなだ」に当たる述語の働きを知り，文を組み合わせて話すことができる。

授業展開例

(1) **主語・述語について知り，使い方の練習をする**

はじめに「何が」「どうする」と「だれが」「どうする」についての練習をしていきます。「主語・述語カード1」を机の上に広げ，どのような言葉があるのか，全員で確認します。みんなで読んでみてもよいでしょう。

次に，カードを裏返して，神経衰弱の要領で順に取っていきます。開けたときに，「ぼくが」などと言いながら取ると，わかりやすいでしょう。

カードは，主語と述語の組み合わせができていればOKとして，主語と主語，述語と述語の場合は，場に返します。

合っていたら次も取れるというルールにするとなかなか順番が回らないので，まずは開くのは1人1回ずつにして，全員が引けるようにしましょう。何度もやって，主語と述語の仕組みを覚えることが大切です。

(2) **「何は」「どんなだ」の練習をする**

次は，レベルを上げて，「主語・述語カード2」を使います。これは，「何は」「どんなだ」も主述の関係であることを知るためですが，今回は意味もそろわないと取れないようにします。例えば「からすは」「白い」を取ったときは，意味が合わないのでまた山に戻します。慣れてきたら，「主語・述語カード1・2」の2つのカードを合わせてやると，より難しくなります。

順番にカードを裏返し,主語と述語を見つけます

最後は,2種類のカードを全部合わせてやってみましょう

Chapter 2
わかる！簡単！楽しい！
小学校国語授業のとっておき学習アイテム40

| 3年 | 話すこと・聞くこと | 「慣用句を使おう」 |

「慣用句すごろく」で体に関係する慣用句を覚えよう！

わかる！	「慣用句」を学習できます。
簡　単！	すごろく形式で辞典も使うので参加しやすいです。
楽しい！	グループで協力して楽しく進められます。

　慣用句について学習する単元です。

　ここでは、アイテムとして、体に関係する漢字に絞ったワークシートを活用します。

　グループで協力しながら、顔や手などのつく慣用句を言いながら進めていきます。国語辞典を使って調べたりしながら、たくさんの慣用句に触れることができます。

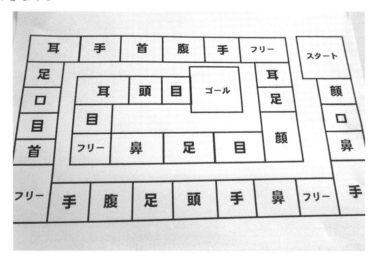

コピーして使える学習アイテムのページ

「慣用句すごろく」(B4用紙に拡大印刷)

Chapter 2 小学校国語授業のとっておき学習アイテム40

アイテムを活用した授業例

つけたい力と具体的なゴールの姿

●慣用句を調べたり，使ったりする力

体に関係する言葉を中心に，いろいろな慣用句を調べて使うことができる。

授業展開例

(1) **体に関する慣用句を覚える**

慣用句には，「足が棒になる」のように，体に関する漢字が入ったものがたくさんあります。国語辞典にはそれぞれの部位ごとに慣用句がたくさん紹介されています。そこでまず，慣用句について，辞典を使って5分間自主学習する時間を設定します。そして，すごろくを使って，班対抗のゲームをします。ゲームは次のようなルールで進めます。

> ①まず1マス目の「顔」の入った慣用句を知っている人がいたら，手をあげ，先生に指名された人が答えます。
> ②各班は，それ以外の「顔」の入った慣用句を出し合い，班であがった慣用句の数だけコマを進めます（だれも言えなかったら，国語辞典で調べ，1マス進みます）。
> ③ここから先は，同様に各班で止まったマスの慣用句を出し合って進めていきます。早くゴールにたどり着いた班の勝ちです。

(2) **上級編に挑戦する**

慣れてきたら，様々な言葉が入った上級編のすごろくにも挑戦してみましょう。

慣用句を言った数だけ進みます

全員がわからなかったら国語辞典で調べます

Chapter 2
わかる!簡単!楽しい!
小学校国語授業のとっておき学習アイテム40

| 4年 | 話すこと・聞くこと | 「案内係になろう」 |

カリスマ案内係になって「お客さんカード」の要望に応えよう!

わかる!	「相手の知りたいことを考えて必要な事柄を選び話す」ことが学習できます。
簡単!	案内用資料に基づいて説明できます。
楽しい!	いろいろなお客さんを登場させて交流します。

　質問されたときに,相手の立場に立ち,知りたいことがどのようなことなのか考えて答えていく力をつけるための学習です。テーマパークのガイドになって,いろいろなお客さんにぴったりのおすすめの場所を教えます。お客さん役の人は,3つの要望を言っておすすめを教えてもらいましょう。

コピーして使える学習アイテムのページ

「テーマパークマップ」（B4用紙に拡大印刷）

リラックスゾーン	アトラクションゾーン			
	マジックショーゾーン	ステージショーゾーン		ウォーターアトラクションゾーン
映ぞうショーゾーン	医む室 / ショッピングゾーン1	レストランゾーン		
	案内所 ◀お客さん	ショッピングゾーン2		
	入場口			

「お客さんカード」（B4用紙拡大印刷）

例 ●こうふんするものに乗りたい。 ●動物が見たい。 ●おみやげが買いたい。	● ● ●	● ● ●	● ● ●

アイテムを活用した授業例

つけたい力と具体的なゴールの姿

●相手の知りたいことを考えて，必要な事柄を選び話す力

　「いつ」「どこ」「何」などの言葉に気をつけて，質問の目的を正しく聞き取り，相手の知りたいことに合ったことをていねいに話すことができる。

授業展開例

(1) **おすすめの場所の紹介の仕方を練習する**

　まず，テーマパークのガイドになって，お客さんの３つの話（要望）を聞いて，おすすめの場所を紹介することを確認します。次ページの案内用資料もあらかじめ配付しておきます。

　次に，「お客さんカード」の例（前ページ下段左端）を使って，ガイド係役とお客さん役に分かれて，ガイドの練習をします。

「お客様におすすめの場所を３つ紹介します。

　まず，アトラクションゾーンのジェットコースターです。速くてスリル満点です。次に，ウォーターアトラクションゾーンです。こちらでは，イルカのショーが見られます。最後は，ショッピングゾーンです。お菓子でしたら，ショッピングゾーン１がたくさんあっておすすめです」

(2) **ガイド役とお客さん役に分かれて案内し合う**

　続いて，「お客さんカード」の残りに，３つずつ要望を書いていきます。例えば「不思議なものが好き」「激しい運動はできない」といったように，直接的に「○○がしたい」と書かない方が，おすすめの幅が広がります。

　ガイド役は，お客さんが来たらその要望を聞いて，おすすめを紹介していきます。案内用資料に基づいて，お客さんの要望によりマッチした提案ができるかどうかがポイントになります。

ゾーンの名前	説明
レストランゾーン	世界各国の料理が食べられる。
ショッピングゾーン	1は食べ物が中心，2はキャラクターグッズが売っている。
ステージショーゾーン	午前10時から1時間おきに30分ショーが行われている。
マジックショーゾーン	建物が6つに分かれており，いろいろなマジックが見られる。
アトラクションゾーン	ジェットコースター，観らん車などいろいろなアトラクションがある。
ウォーターアトラクションゾーン	船に乗ってクルーズ探検やイルカショーなど，水に関わるアトラクションがある。
リラックスゾーン	広場になっており，ゆっくりとくつろぐことができる。
映ぞうショーゾーン	映ぞうと音のショーで，ふしぎな世界を体験できる。

案内用資料

交代でガイド役をして楽しく交流しましょう

Chapter 2
わかる！簡単！楽しい！
小学校国語授業のとっておき学習アイテム40

| 5年 | 話すこと・聞くこと | 「六年生におくる字をすいせんしよう」 |

「すいせんカード」で推薦しよう！

わかる！	「推薦の仕方」を学習できます。
簡単！	視点に合わせて説明するだけです。
楽しい！	グループごとにゲーム形式で学習できます。

　推薦するものをあらかじめカードに書いておき，発表者がそれをとって，視点に合わせて推薦していくというゲームです。

　カードの後ろに視点（順序）が貼ってあるので，それに沿って話していくことで，推薦する話し方が身についていきます。

コピーして使える学習アイテムのページ

「すいせんカード」と視点（八つ切り画用紙に拡大印刷）

表

すいせんするもの

裏

～をすいせんします	色・形など	一言で言うと
思い出や経験	すばらしいです	まさに～しかありません

Chapter 2　小学校国語授業のとっておき学習アイテム40／147

アイテムを活用した授業例

つけたい力と具体的なゴールの姿

●視点に合わせて推薦する力

　推薦するもののよさがわかるように，構成や話し方を工夫して話すことができる。

授業展開例

(1) **推薦するときのポイントを学習する**

　推薦するときは，そのもののよさが伝わるように，理由やエピソードを選び，組み立てを工夫して話すことを学習します。

言葉	話すポイント
推薦するのは～です ～にぴったりです まさに～です すばらしいです ～しかありません　など	理由 いいところ 思い出や経験 一言で言うと 　　　　　　　　　など

(2) **「すいせんカード」を使って推薦ゲームをする**

　「すいせんカード」をグループの数だけ用意し，各グループに1枚配ります。表に問題（推薦するもの）を書いて，集めます。

　次に，発表者をグループから一人出して，集めたカードを1枚引いてもらいます。発表者はみんなにお題を見せて，裏の視点に沿って推薦していきます。実物を持つと盛り上がります。一番上手に推薦した人が優勝です。

最初にお題をみんなに見せます

実物を持って紹介すると盛り上がります

Chapter 2
わかる！簡単！楽しい！
小学校国語授業のとっておき学習アイテム40

| 5年 | 話すこと・聞くこと | 「立場を決めて討論をしよう」 |

「判定メーター」で
どちらの主張がよいか判定しよう！

わかる！	「討論の仕方」を学習できます。
簡　単！	円形のメーターで表すだけです。
楽しい！	途中でメーターを見ながら討論を進められます。

　「宿題の内容は自分で決めた方がよい」などの二者択一の問題に，立場を決めて参加していきます。

　判定するグループは，判定メーターでどちらの意見に気持ちが動いているのか友だちの意見を聞きながら動かしていきます。

　主張するグループは，それを見ながら作戦を立てるので盛り上がります。

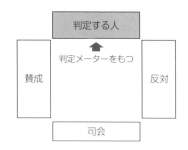

コピーして使える学習アイテムのページ

「判定メーター」(八つ切り画用紙に拡大印刷)

アイテムを活用した授業例

つけたい力と具体的なゴールの姿

●立場を明確にして意見を述べる力

　自分の立場を明確に示し，聞き手に対して説得力があると思う理由を挙げることができる。

授業展開例

(1)「判定メーター」を使いながら討論をする

　「判定メーター」は，判定するグループがどちらの意見に寄っているか示すものです。何回途中で見せるか回数を決めて討論すると盛り上がります。

1　賛成グループの主張　　　　2　反対グループの主張
3　判定グループが「判定メーター」を見せ，それぞれ作戦タイム
4　反対グループから賛成グループへの質問と答え
5　賛成グループから反対グループへの質問と答え
6　判定グループが「判定メーター」を見せ，それぞれ作戦タイム
7　賛成グループの主張　　　　8　反対グループの主張
9　「判定メーター」を使って判定

---

(2)「判定メーター」を使って判定する

　判定するグループの人たちは，討論を聞いてどちらの主張が説得力があるかメーターで示します。それを見て，主張するグループは作戦を立てます。判定者が主観を入れず，説得力があるかどうかを基準に判定することがポイントです。

それぞれの主張を聞いてどちらの主張がよいか考えます

討論の話題例

・夏休みの宿題は自分たちで決めた方がよいか。
・学級で猫を飼っていいか。
・学校にシャープペンシルをもってきていいか。
・学校に飛び級制度を入れた方がいいか。
・給食をフリードリンク制にした方がいいか。
・おにぎり派かサンドイッチ派か。
・かき氷がいいかソフトクリームがいいか。
・友だちにするならスネ夫かジャイアンか。
・行くとしたら回転寿司屋か回らない寿司屋か。
　　　　　　　　　　　　　　　　　　　　など

盛り上がる話題で討論の練習をしましょう

> Column

お互いの話を興味をもって聞くための作戦「5○スピーチ」

「5○（ごーまる）スピーチ」の「○」とは，句点のことです。
話し手は5つの文で順序よく話し，聞き手は「○」ごとにうなずいたり，相づちを打ったりします。
　聞き手に伝わるように，短い文で順序よく話せるようになり，聞き手側の受容的，共感的態度も身につけさせることができます。

5○スピーチの流れ

①2人で1組になり，1人が話したいことを5つの文で話す。その際，1文ごと（「○」ごと）に少し間をとりながら話す。

②聞き手は，「○」ごとに指を折りながらうなずき，反応をしながら聞く。最後の5つ目で拍手をする。

③みんなの前で発表し，全員で反応しながら聞く。

　このような軽めの活動で，少しずつ興味をもって友だちの考えを聞ける学習習慣づくりをしていくことをおすすめします。そうすると，友だちの話を

聞く力が徐々に上がっていき，様々な意見交流を行うときにも，とても活発に活動し始めます。

「５○スピーチ」は，話題を選択制にすると，盛り上がりやすいという特徴があります。

あなたは，おにぎり派，それともサンドイッチ派？

※（　）内は相づちの例です

①私はサンドイッチ派です。
　（あーっ，いっしょ！）

②理由は２つあります。
　（何ですか？）

③１つは，サンドイッチは冷めてもおいしいですよね。
　（なるほど）

④２つは，いろんなものを挟んでいっぺんに食べられますよね。
　（おー，なるほど。）

⑤だから，私はサンドイッチの方がいいと思います。
　（拍手！）

慣れてきたら，**「カーネーション言葉」**を意識してスピーチをさせます。「カーネーション言葉」とは，「～じゃないですか」「～ですよね」「～でしょ」の言葉の語尾「か・ね・しょ」の部分をとったもので，要するに，聞き手に反応を促すような話し方を意識するということです。このようにして，話し手が聞き手を育てていくという意識も大切です。

Chapter 2
わかる！簡単！楽しい！
小学校国語授業のとっておき学習アイテム40

| 1年 | 書くこと | 「ことばあそびうたをつくろう」 |

「お出かけバッグ」で言葉を集めよう！

わかる！	「仲間になる言葉」を学習できます。
簡単！	仲間になる言葉を探し，バッグに入れるだけです。
楽しい！	友だちと一緒に活動できます。

　たくさんの言葉を学習するときに役立つアイテムです。バッグの表にどんな言葉を集めるのか書いておきます。グループでその言葉を探して集めていきます。

コピーして使える学習アイテムのページ

「お出かけバッグ」（八つ切り画用紙に拡大印刷し袋状に貼り合わせる）

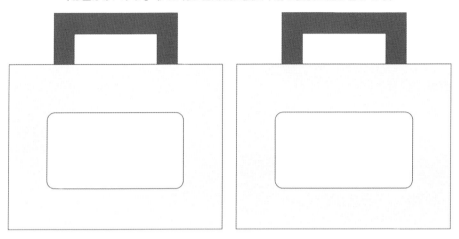

言葉カード（例）（八つ切り画用紙かＢ４用紙に拡大印刷）

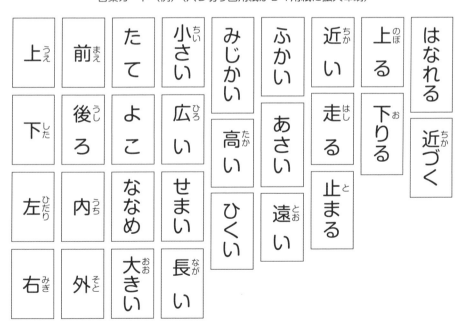

アイテムを活用した授業例

つけたい力と具体的なゴールの姿

●**仲間になる言葉を探す力**
　同じ意味や反対の意味の言葉などを，関心をもって探すことができる。

授業展開例

(1)**仲間になる言葉を学習する**
　型紙の言葉をノートに書いて学習したら，グループで1枚型紙をはさみで切ってバラバラにします。

(2)**お出かけして，仲間になる言葉を集めていく。**
　グループの中で，「お出かけする人」と「グループ（家）に残る人」に分かれます。「お出かけする人」は「お出かけバッグ」を持って他のグループにお出かけします。
　そして，机の上に広げたカードを，1人10秒の時間で見つけてとります。「グループに残る人」は，みんなで，「10，9，8，7…」とカウントダウンします。
　見つけた場合は「上と下」というように，大きな声で言ってみんなに正しいか確認し，バッグに入れます。
　交代しながらお出かけして，仲間のカードを集めましょう。

(3)**自分たちでカードをつくって交流する**
　慣れてきたら，次ページ下段のような型紙を使って，自分たちでカードをつくることもできます。

友だちと交流しながらカードを探していきます

自分たちで言葉を書かせてみましょう

Chapter 2
わかる！簡単！楽しい！
小学校国語授業のとっておき学習アイテム40

| 2年 | 書くこと | 「『ありがとう』をつたえよう」 |

「広がる手紙」で「ありがとう」を伝えよう！

わかる！	「伝えたいことを手紙に書く」ことを学習できます。
簡　単！	書いた手紙を折って貼りつけるだけです。
楽しい！	友だち同士で読み合います。

　手紙の書き方を学習する単元です。相手の名前，自分の気持ち，自分の名前をきちんと書いていきます。型紙を折って色画用紙に貼り，開くと広がる手紙にします。

コピーして使える学習アイテムのページ

「広がる手紙」(Ａ4用紙に拡大印刷して色画用紙に貼る)

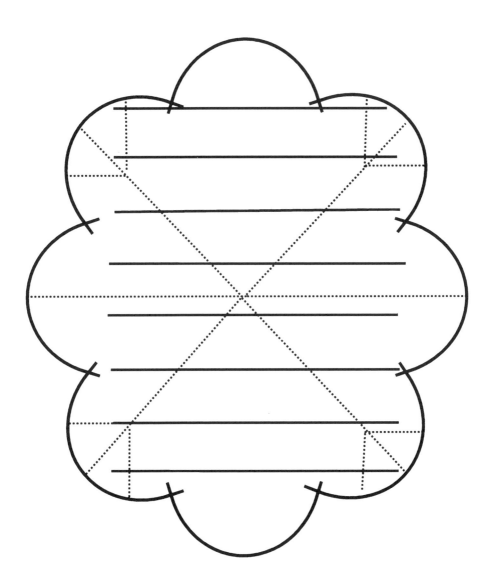

アイテムを活用した授業例

つけたい力と具体的なゴールの姿

●伝えたいことを手紙に書く力

　相手の名前と自分の名前を忘れずに書くなど基本的な手紙の書き方を知り，自分の気持ちが伝わるように書くことができる。

授業展開例

(1)「広がる手紙」をつくる

　まず，ワークシートを切って「広がる手紙」をつくります。写真のように折りたたんで，開きます（折り目に沿って折っていきます）。これに「ありがとう」の気持ちを書いて伝えます。

 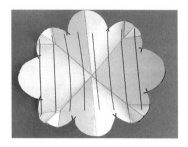

(2)**手紙を書く**

　「相手の名前」「伝えたいこと」「自分の名前」を書く等，気をつけることを学習したら，生活の中で，まわりの人に助けてもらったことや，してもらってうれしかったことはないか，思い出して手紙を出す相手を決めます。

　手紙を出す相手が決まったらノートに下書きします。下書きが書けたら，「広がる手紙」に清書します。色画用紙に貼った後，きちんと書けているか友だち同士で読み合って確認しましょう。

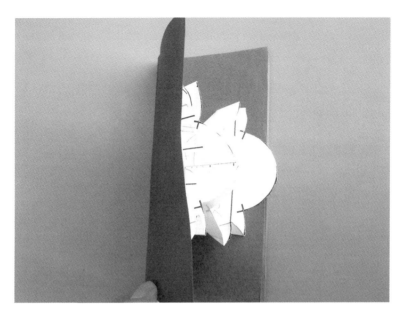

色画用紙にのりで貼りつけて完成です

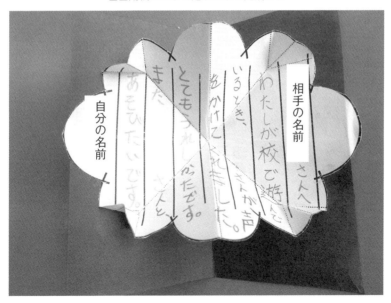

開くと手紙も一緒に開きます

Chapter 2
わかる！簡単！楽しい！
小学校国語授業のとっておき学習アイテム40

| 4年 | 書くこと | 「ある人物になったつもりで」 |

「ドッキリサイコロ」で物語の展開を考えよう！

わかる！	「接続詞の使い方」を学習できます。
簡　単！	一人一文を考えるだけです。
楽しい！	友だちと交流しながら話をつくることができます。

　サイコロを振って，出た接続詞に従って物語をつくっていきましょう。話の展開も意識しながら物語をつくることができます。

コピーして使える学習アイテムのページ

「ドッキリサイコロ」（八つ切り画用紙に拡大印刷）

	さて		
なんと	ところが	すると	やっぱり
	また		

Chapter 2　小学校国語授業のとっておき学習アイテム40／165

アイテムを活用した授業例

つけたい力と具体的なゴールの姿

●接続詞を活用して文章をつくる力

　順接，逆接，並列などの接続詞の使い方を知り，その接続詞に沿って物語を考えていくことができる。

授業展開例

(1) **中心人物の設定をする**

　グループで交代しながら接続詞で話をつないでいきます。

　まず，中心人物の設定をします。ある実践では，「○○太郎」という中心人物を設定することに決め，各班で進めていきました。

　「昔々○○太郎という人がいました」からサイコロを振って話をつないでいきます。サイコロには「また」「すると」と物語の展開を促すものや，「ところが」など山場へつなぐものもあるので，物語がうまく進むように，話をつくっていきます。話ができ上がったら，他の班と交流しましょう。

(2) **自分たちで接続詞を考えてサイコロをつくる**

　次に，接続詞の種類と言葉を学習します。順接，逆接…などの言葉と，どのような接続詞があるのかをノートに整理します。ノートに整理したら，グループで白いサイコロに書く言葉を決めて，物語をつくってみましょう。

　順接…だから，そこで　　　逆接…しかし，ところが，それなのに
　並列…また　　　　　　　　添加…それから，おまけに
　対比…一方，逆に　　　　　選択…または　　　　　説明…なぜなら
　補足…実は　　　　　　　　言換…つまり　　　　　例示…たとえば
　注目…なかでも　とりわけ　転換…さて

物語がうまく進むように，話をつくっていきます

班のメンバーが全員参加できるようにしましょう

Chapter 2
わかる！簡単！楽しい！
小学校国語授業のとっておき学習アイテム40

5年　書くこと　「作文」

「作文おみくじ」で工夫して書こう！

わかる！	「作文の工夫の視点」を学習できます。
簡単！	工夫の視点が明確です。
楽しい！	作文を書いて友だちと交流します。

　表現力豊かな作文をいつでも書けるようにするためには，その工夫の視点を子どもたちに習得させる必要があります。そこで，「作文おみくじ」や工夫の視点をセルフチェックできる作文用紙などのアイテムを活用していきます。

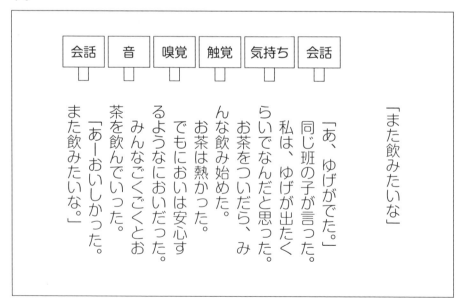

会話　音　嗅覚　触覚　気持ち　会話

「また飲みたいな」

「あ、ゆげがでた。」
同じ班の子が言った。
私は、ゆげが出たくらいでなんだと思った。
お茶をついだら、みんな飲み始めた。
お茶は熱かった。
でもにおいは安心するようなにおいだった。
みんなごくごくとお茶を飲んでいった。
「あーおいしかった。また飲みたいな。」

コピーして使える学習アイテムのページ

「作文おみくじ」(八つ切り画用紙に拡大印刷)

| 視覚(しかく) | 味覚(みかく) | 嗅覚(きゅうかく) | 触覚(しょっかく) |

| 音 | 気持ち | たとえ | 会話 |

150字作文用紙(A4用紙に拡大印刷)

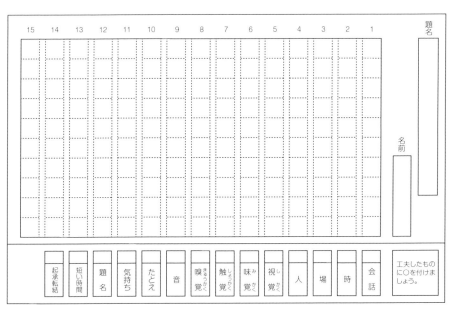

アイテムを活用した授業例

つけたい力と具体的なゴールの姿

●工夫の視点に基づいて作文を書く力

　五感，会話，たとえなど，効果的に自分の考えを伝える方法（工夫の視点）を使いながら作文を書くことができる。

授業展開例

(1) **作文の工夫の視点を学習する**

　モデルの作文（冒頭ページ）を聞き，どんな工夫がされているのか，その視点を考えていきます。

　　・会話文を入れる。
　　・気持ちを詳しく書く。
　　・たとえを使う。
　　・五感（視覚・聴覚（音）・嗅覚・味覚・触覚）を入れる。

(2) **工夫の視点を意識して練習する**

　まずは，「作文おみくじ」を引き（前ページ上段のカードに棒をつけ，箱から引く），作文の工夫の視点を決めて，150字作文を書きます。最初に取り入れる視点の数（おみくじを引く回数）は，子どもの実態に応じて決めるとよいでしょう。

　慣れてきたら，前ページ下段の作文用紙を2枚使って300字作文を書きます。おみくじは引かず，使った工夫の視点のチェック欄（作文用紙下）に○をつけます。できあがったら，書けたものを発表し合いましょう。

「会話文」「たとえ」「五感」など，工夫の視点を示して作文を書かせます

慣れてきたら作文用紙で工夫の視点をセルフチェックします

Chapter 2
わかる！簡単！楽しい！
小学校国語授業のとっておき学習アイテム40

| 5年 | 書くこと | 「本は友達」 |

「読書紹介シート」で
いろんな本を友だちに伝えよう！

わかる！	「読書感想文の観点」を学習できます。
簡　単！	シートに4つの視点で書くだけです。
楽しい！	友だちと本の交流ができます。

　いろいろな本を読んで，気に入ったお話を友だちに紹介します。内容を「読書紹介シート」に書いて紹介します。お互いにいろいろなお話を知ることができて盛り上がる活動です。

コピーして使える学習アイテムのページ

「読書紹介シート」(Ａ４用紙に拡大印刷)

本の題名	
読む前に思っていること	
場面・言葉	質問・疑問
イラスト	つながり（自分の経けん）
学び合いで思ったこと	

Chapter 2　小学校国語授業のとっておき学習アイテム40／173

アイテムを活用した授業例

つけたい力と具体的なゴールの姿

● 読書感想文を視点に沿って書く力

おもしろいと思ったところや自分とのつながりなど，読書感想文の視点に沿って自分の読んだ本をまとめ，説明することができる。

授業展開例

(1) 4つの視点を意識して読む

まず，「読書紹介シート」を書きます。

シートは，「読む前に思っていること」「心に残った場面・言葉」「質問・疑問」「自分の経験とのつながり」の4つの視点で書くようになっています。これらは，読書感想文を書くときによく使う視点です。イラストもかくと意欲的に取り組めます。

(2) 「読書マップ」を使って交流する

次に「読書マップ」を使った交流をします。

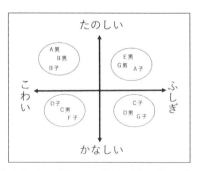

シートを書いたら，黒板に図のような線をかき，「読書マップ」をつくります。

自分が読んだ本が「たのしい，かなしい，こわい，ふしぎ」のどれにあたり，どれくらいかを考えて名前を書いていきます。

最後に，マップ上で近い位置にある3～4人を丸で囲い，交流するメンバーを教師が決めます。こうすると，似た興味をもった子ども同士で交流でき，より興味をもって参加することができます。

【著者紹介】

比江嶋　哲（ひえじま　さとし）
宮崎県公立小学校教諭
「全国国語授業研究会」幹事，「夢の国語授業研究会」幹事，
日本国語教育学会・全国大学国語教育学会会員

著書（いずれも共著）
『今日から使える！　小学校国語　授業づくりの技事典』『すぐに使える！　小学校国語　授業のネタ大事典』『5分でできる！　小学校国語　ミニ言語活動アイデア事典』（以上，明治図書），『子どもがどんどんやる気になる国語教室づくりの極意　1時間授業編』『実践　二瓶メソッドの国語授業』（以上，東洋館出版社）他多数

わかる！簡単！楽しい！
小学校国語授業のとっておき学習アイテム40

2019年9月初版第1刷刊	©著　者	比　江　嶋　　哲
	発行者	藤　原　光　政
	発行所	明治図書出版株式会社

　　　　　　　　http://www.meijitosho.co.jp
　　　　　　　（企画）矢口郁雄（校正）新井皓士
　　〒114-0023　　東京都北区滝野川7-46-1
　　振替00160-5-151318　電話03(5907)6701
　　ご注文窓口　　電話03(5907)6668

＊検印省略　　　　組版所　株式会社木元省美堂

本書の無断コピーは，著作権・出版権にふれます。ご注意ください。
学習アイテムは，学校の授業過程での使用に限り，複製することができます。

Printed in Japan　　　　ISBN978-4-18-285216-9

もれなくクーポンがもらえる！読者アンケートはこちらから →

本の題名	未来からの宿題

読む前に思っていること　500年先もいい地球がつづくのか？

場面 げんざいの子どもたちが500年先のために未来をかえるところ	質問 わたしたちも未来がもっとよくなるためになにをすればいいか？
イラスト 	つながり（経けん） 未来のことを考える

学び合いで思ったこと
500年先というとがすごくてそれを考える作者もすごいと思いました。
未来のことを考えるとゆうこともいいと思います
未来のことを考えるなんていいと思います

読んだ本を4つの視点で紹介します

興味の似た子ども同士で交流ができます